PAPST FRANZISKUS

Glaubwürdig

JAHRESLESEBUCH 2015

benno

HOFFNUNG UND SEGEN FÜR DAS JAHR

„Der Herr segne dich und behüte dich. Der Herr lasse sein Angesicht über dich leuchten und sei dir gnädig. Der Herr wende sein Angesicht dir zu und schenke dir Heil" (Num 6,24-25).

Es ist ganz besonders bedeutsam, diese Segensworte zu Beginn eines neuen Jahres wieder zu hören: Sie werden unseren Weg durch die Zeit, die sich vor uns auftut, begleiten. Es sind Worte der Kraft, des Mutes und der Hoffnung – nicht einer illusorischen Hoffnung, die sich auf zerbrechliche menschliche Versprechen gründet, und auch nicht einer einfältigen Hoffnung, die sich die Zukunft besser vorstellt, einfach weil sie Zukunft ist. Diese Hoffnung hat ihren Grund genau im Segen Gottes, einem Segen, der den bedeutendsten Wunsch enthält, den Wunsch der Kirche für jeden von uns, die Fülle des liebevollen Schutzes des Herrn und seiner vorsehenden Hilfe.

Predigt am Hochfest der Gottesmutter Maria am 1. Januar 2014

Donnerstag

JANUAR 01 NEUJAHR, GOTTESMUTTER MARIA
Wilhelm von Dijon, Clarus

DIE KRAFT DER HOFFNUNG

Zu Beginn des neuen Jahres wünsche ich euch allen Frieden und alles Gute. Mein Glückwunsch ist der Wunsch der Kirche, es ist der christliche Wunsch! Er ist nicht an den etwas magischen und ein wenig fatalistischen Sinn eines neuen Zyklus gebunden, der beginnt. Wir wissen, dass die Geschichte einen Mittelpunkt hat: den menschgewordenen, gestorbenen und auferstandenen Jesus Christus, der unter uns lebt; sie hat ein Ziel: das Reich Gottes, Reich des Friedens, der Gerechtigkeit, der Freiheit in der Liebe; und sie hat eine Kraft, die sie hin zu jenem Ziel bewegt: diese Kraft ist der Heilige Geist.

Angelusgebet am Hochfest der Gottesmutter Maria am 1. Januar 2014

EHRE SEI GOTT UND FRIEDE

Dieser Geist ist die Macht der Liebe, die den Schoß der Jungfrau Maria befruchtet hat; und es ist derselbe Geist, der die Pläne und die Werke aller Friedensstifter beseelt. Wo ein Mann oder eine Frau als Friedensstifter auftreten, ist es der Heilige Geist, der ihnen hilft, der sie drängt, Frieden zu stiften. Zwei Wege kreuzen sich heute: das Hochfest der Gottesmutter Maria und der Weltfriedenstag. Vor acht Tagen erklang die Verkündigung der Engel: „Ehre sei Gott und Friede den Menschen"; heute nehmen wir sie erneut von der Mutter Jesu an, die „alles, was geschehen war, in ihrem Herzen [bewahrte] und darüber [nachdachte]" (Lk 2,19), um uns im Lauf des nun beginnenden Jahres dafür einzusetzen.

Angelusgebet am Hochfest der Gottesmutter Maria am 1. Januar 2014

Samstag

JANUAR

03

Irmina von Öhren, Adele,
Odilo von Cluny

UNSER GESCHENK

Gott ist immer da, um neue Menschen zu erwecken, um die Welt von der Sünde zu reinigen, die sie altern lässt, von der Sünde, die sie verdirbt. So sehr die menschliche Geschichte und die Geschichte eines jeden von uns auch von Schwierigkeiten und Schwächen gezeichnet sein mögen, sagt uns der Glaube an die Menschwerdung, dass Gott mit dem Menschen und seiner Geschichte solidarisch ist. Diese Nähe Gottes zum Menschen, zu jedem Menschen, zu einem jeden von uns, ist ein Geschenk, das nie vergeht! Er ist mit uns! Er ist der Gott-mit-uns! Und diese Nähe vergeht nie. Das ist also die frohe Botschaft von Weihnachten: das göttliche Licht [...] erstrahlt auch heute für uns.

Angelusgebet am 5. Januar 2014

Sonntag

2. SO. NACH WEIHNACHTEN
Angela von Foligno, Marius, Roger (Rüdiger)

04 JANUAR

IN JESU GNADE

Im Geheimnis der Menschwerdung des Sohnes Gottes liegt auch ein Aspekt, der an die menschliche Freiheit, an die Freiheit eines jeden von uns gebunden ist. Das Wort Gottes nämlich schlägt sein Zelt unter uns auf, die wir Sünder sind und der Barmherzigkeit bedürfen. Und alle sollten wir uns beeilen, die Gnade zu empfangen, die er uns anbietet. Das Johannes-Evangelium sagt: „Aber die Seinen nahmen ihn nicht auf" (V.11). Oftmals lehnen auch wir ihn ab und ziehen es vor, in der Verschlossenheit unserer Irrtümer [...] zu verharren. Doch Jesus lässt nicht ab und hört nicht auf, sich selbst und seine Gnade anzubieten, die uns rettet! Jesus ist geduldig, Jesus versteht es zu warten, er erwartet uns immer.

Angelusgebet am 5. Januar 2014

Montag

JANUAR

05 Ämiliana (Emilie), Gerlach, Eduard

UNSERE BERUFUNG

Die Botschaft Jesu ist eine Botschaft des Heils, die alt und immer neu ist. Und wir sind gerufen, voll Freude von dieser Botschaft des Evangeliums des Lebens, des Evangeliums des Lichts, der Hoffnung und der Liebe Zeugnis abzulegen. Denn das ist die Botschaft Jesu: Leben, Licht, Hoffnung, Liebe. Maria, die Mutter Gottes und unsere zärtliche Mutter, stehe uns immer bei, damit wir der christlichen Berufung treu bleiben und das Verlangen nach Gerechtigkeit und Frieden verwirklichen können, das wir zu Beginn dieses neuen Jahres in uns tragen.

Angelusgebet am 5. Januar 2014

BEWAHRE DEN GLAUBEN

Am Fest der Erscheinung des Herrn, an dem wir gedenken, dass Jesus uns Menschen im Antlitz eines Kindes geoffenbart wurde, erfahren wir die Sterndeuter an unserer Seite wie weise Weggefährten. Ihr Beispiel helfe uns, den Blick zum Stern zu erheben und den großen Sehnsüchten unseres Herzens zu folgen. Sie lehren uns, uns nicht mit einem mittelmäßigen Leben, mit dem Kleinem zufrieden zu geben, sondern uns immer faszinieren zu lassen vom Guten, Wahren und Schönen ..., von Gott, der all das in immer größerer Weise ist! Und sie lehren uns, uns nicht vom Schein betrügen zu lassen, von dem, was für die Welt groß, weise und mächtig ist. Man darf hier nicht stehen bleiben. Es ist wichtig, den Glauben zu bewahren.

Predigt am Hochfest der Erscheinung des Herrn am 6. Januar 2014

Mittwoch

JANUAR 07

Raimund von Peñafort, Valentin von Rätien, Sigrid, Reinhold, Knud

DIE LIEBE ZU UNS

Dieses Fest [Epiphanie] lässt uns tatsächlich eine zweifache Bewegung erkennen: einerseits die Bewegung Gottes hin zur Welt, zur Menschheit – die gesamte Heilsgeschichte, die in Jesus gipfelt; und andererseits die Bewegung der Menschen hin zu Gott – denken wir an die Religionen, an die Suche nach der Wahrheit, an den Weg der Völker zum Frieden, zum inneren Frieden, zur Gerechtigkeit, zur Freiheit. Und diese zweifache Bewegung wird durch eine gegenseitige Anziehung verursacht. Seitens Gottes – was zieht ihn an? Es ist die Liebe zu uns: wir sind seine Kinder, er liebt uns, er will uns vom Bösen befreien, von den Krankheiten, vom Tod, und uns in sein Haus, in sein Reich bringen.

Angelusgebet am Hochfest der Erscheinung des Herrn am 6. Januar 2014

FÜR UNS GEBOREN

„Aus reiner Gnade zieht Gott uns an, um uns mit sich zu vereinen" (Apostolisches Schreiben Evangelii gaudium, 112). Und auch unsererseits ist da eine Liebe, ein Verlangen: das Gute zieht uns immer an, die Wahrheit zieht uns an, das Leben, das Glück, die Schönheit zieht uns an… Jesus ist der Punkt, an dem diese gegenseitige Anziehung, diese zweifache Bewegung aufeinandertreffen. Er ist Gott und Mensch: Jesus. Gott und Mensch. Wer aber ergreift die Initiative? Immer Gott! Die Liebe Gottes kommt immer vor unserer Liebe! Er ergreift immer die Initiative. Er erwartet uns, er lädt uns ein, die Initiative geht immer von ihm aus. Jesus ist Gott, der Mensch geworden ist, der Fleisch angenommen hat, der für uns geboren wurde.

Angelusgebet am Hochfest der Erscheinung des Herrn am 6. Januar 2014

Freitag

JANUAR 09

Julian von Antinoë, Eberhard von Schäftlarn, Hadrian von Canterbury

GOTT GEHT VORAUS

Der neue Stern, der den Sterndeutern erschien, war das Zeichen für die Geburt Christi. Wenn sie den Stern nicht gesehen hätten, so wären jene Männer nicht aufgebrochen. Das Licht geht uns voraus, die Wahrheit geht uns voraus, die Schönheit geht uns voraus. Gott geht uns voraus. Der Prophet Jesaja sagte, dass Gott wie eine Mandelblüte ist. Warum? Weil in jenem Land der Mandelbaum der erste ist, der blüht. Und Gott geht uns immer voraus, immer sucht er uns als erster, er macht den ersten Schritt. Gott geht uns immer voraus. Seine Gnade geht uns voraus, und diese Gnade ist in Jesus erschienen. Er ist die Epiphanie. Er, Jesus Christus, ist das Offenbarwerden der Liebe Gottes. Er ist mit uns.

Angelusgebet am Hochfest der Erscheinung des Herrn am 6. Januar 2014

Samstag

Gregor X., Paulus von Theben,
Wilhelm von Donjeon

10 JANUAR

IM HERZEN TRAGEN

Die Kirche steht ganz in dieser Bewegung Gottes auf die Welt zu: ihre Freude ist das Evangelium, ihre Freude besteht darin, Widerschein des Lichtes Christi zu sein. Die Kirche ist das Volk derer, die diese Anziehung erfahren haben und sie in sich tragen, im Herzen, im Leben. „Zu denen, die sich fern von Gott und von der Kirche fühlen, zu denen, die ängstlich und gleichgültig sind, würde ich gerne sagen – wirklich gerne, aufrichtig und respektvoll: Der Herr ruft auch dich, Teil seines Volkes zu sein, und er tut es mit großem Respekt und Liebe!" (vgl. Apostolisches Schreiben Evangelii gaudium, 113). Der Herr ruft dich.

Angelusgebet am Hochfest der Erscheinung des Herrn am 6. Januar 2014

Sonntag

JANUAR

11

TAUFE DES HERRN
Paulinus von Aquileja, Francesco A. Placidi

GNADE DER TAUFE

Das Sakrament der Taufe macht uns zu Gliedern des mystischen Leibes Christi und fügt uns in das Volk Gottes ein. Durch die Taufe erhalten wir das Leben der Gnade und werden als „missionarische Jünger" zur neuen Evangelisierung in die Welt berufen. Denn der in der Taufe empfangene Glaube drängt uns zugleich, Christus den Menschen zu verkünden. Die Taufe braucht Gemeinschaft und stiftet Gemeinschaft. Keiner erlöst sich allein. Die Gnade der Taufe wird uns in der Kirche geschenkt und der christliche Glaube lebt in der Gemeinschaft der Kirche. Indem wir aus diesem Geschenk leben, werden auch wir trotz unserer Sünden und Begrenzungen gleichsam füreinander ein „Kanal" der Gnade und Liebe.

Generalaudienz am 15. Januar 2014

Montag

Bernardo, Ernst, Tatjana von Rom 12 JANUAR

CHRISTUS BEGEGNEN

Jeder Getaufte ist „Christophorus", also einer, der „Christus trägt", wie die antiken Kirchenväter zu sagen pflegten. Wer Christus begegnet ist, so wie die Samariterin am Brunnen, der kann diese Erfahrung nicht für sich behalten, sondern verspürt das Bedürfnis, sie mit anderen zu teilen, um andere Menschen zu Jesus zu bringen (vgl. Joh 4). Wir alle müssen uns fragen, ob die Menschen, die uns begegnen, die Glut des Glaubens in unserem Leben wahrnehmen und in unserem Antlitz die Freude darüber sehen, Christus begegnet zu sein!

Ansprache zur Förderung der Neuevangelisierung am 14. Oktober 2013

Dienstag

JANUAR

13

Gottfried von Kappenberg,
Ivette von Huy (Jutta)

ENTFACHUNG DER HERZEN

Niemand ist von der Hoffnung des Lebens, von der Liebe Gottes ausgeschlossen. Die Kirche ist gesandt, diese Hoffnung überall wieder zu wecken, vor allem aber dort, wo sie durch schwierige, mitunter gar unmenschliche Lebensbedingungen erstickt wird, wo die Hoffnung nicht mehr atmen kann und erstickt. Der Sauerstoff des Evangeliums ist notwendig, das Wehen des Geistes des auferstandenen Christus, das sie in den Herzen wieder entfacht. Die Kirche ist das Haus, dessen Türen immer offenstehen, und zwar nicht nur, damit dort jeder aufgenommen werden und Liebe und Hoffnung atmen kann, sondern auch, damit wir hinausgehen können, um diese Liebe und diese Hoffnung zu bringen.

Ansprache zur Förderung der Neuevangelisierung am 14. Oktober 2013

Mittwoch

Felix von Nola, Reiner von Arnsberg

14 JANUAR

MUTTER KIRCHE

Unsere Zugehörigkeit zur Kirche ist nichts Äußerliches oder Formales. Sie bedeutet nicht, ein Formular auszufüllen, das uns gegeben wird, sondern sie ist ein innerer und Leben spendender Akt; man gehört nicht zur Kirche wie zu einer Gesellschaft, zu einer Partei oder zu irgendeiner anderen Organisation. Die Bindung ist lebenswichtig, wie die zur eigenen Mutter, denn, wie der hl. Augustinus sagt: „Die Kirche ist wirklich Mutter der Christen" (De moribus Ecclesiae, I,30,62-63: PL 32,1336).

Generalaudienz am 11. September 2013

Donnerstag

JANUAR

15

Arnold Janssen, Konrad II.,
Maurus von Subiaco, Romedius von Tavon

MUT DES GLAUBENS

Wir müssen uns täglich von Christus verwandeln lassen, um zu werden wie er; es heißt sich zu bemühen, als Christen zu leben, zu versuchen, ihm nachzufolgen, auch wenn wir unsere Grenzen und unsere Schwächen sehen. Die Versuchung, Gott beiseitezuschieben, um uns selbst in den Mittelpunkt zu stellen, lauert stets vor der Tür, und die Erfahrung der Sünde verletzt unser christliches Leben, unsere Gotteskindschaft. Wir müssen daher den Mut des Glaubens haben und dürfen uns nicht von der Denkweise verleiten lassen, die zu uns sagt: „Du brauchst Gott nicht, er ist nicht wichtig für dich" und so weiter.

Ansprache zur Generalaudienz am 10. April 2013

Freitag

Marzellus I., Ulrich von Blücher, Theobald

16 JANUAR

EIN ANFANG IM HERZEN

Wenn du mit einem Atheisten zu tun hast, der zu dir sagt, dass er nicht an Gott glaubt, dann kannst du ihm eine ganze Bibliothek vorlesen, in der gesagt wird, dass es Gott gibt, und wo auch bewiesen wird, dass es Gott gibt, und er wird doch nicht glauben. Aber wenn du vor diesem Atheisten Zeugnis von Kohärenz ablegst, von einem christlichen Leben, dann wird in seinem Herzen etwas anfangen zu wirken. Und es wird gerade dein Zeugnis sein, das in ihm eine Unruhe hervorruft, in der der Heilige Geist wirksam werden kann.

Frühmesse in Sancta Marta am 27. Februar 2014

Samstag

JANUAR

17

Antonius der Große,
Beatrix von Cappenberg, Rosaline (Rosa)

DIE PRIESTER LIEBEN

Behalten wir unter diesen einen besonderen, einen ganz besonderen Platz unseren Priestern vor: vor allem für sie soll unser Herz, unsere Hand und unsere Tür unter allen Umständen offen sein. Sie sind die ersten Gläubigen, die wir Bischöfe haben: unsere Priester. Lieben wir sie! Lieben wir sie von Herzen! Sie sind unsere Söhne und unsere Brüder!

Predigt zum feierlichen Glaubensbekenntnis mit der italienischen Bischofskonferenz am 23. Mai 2013

DIE FRAU GOTTES

Wir müssen als erste an dieser Hoffnung festhalten und allen ein sichtbares, deutliches, leuchtendes Zeichen dafür sein! Der auferstandene Herr ist die unvergängliche Hoffnung, die nicht zugrunde gehen lässt (Röm 5,5). Die Hoffnung lässt nicht zugrunde gehen. Die Hoffnung des Herrn! Wie oft in unserem Leben schwinden die Hoffnungen, wie oft werden die Erwartungen, die wir im Herzen tragen, nicht erfüllt! Die Hoffnung, die wir Christen haben, ist wahr, stark, sicher, auf dieser Erde, wohin Gott uns berufen hat, um unseren Weg zu gehen, und sie ist offen auf die Ewigkeit hin, weil sie auf Gott gründet, der immer treu ist. Wir dürfen nicht vergessen: Gott ist immer treu.

Ansprache zur Generalaudienz am 10. April 2013

Montag

JANUAR 19

Henrik von Uppsala (Heinrich), Marius, Pia von Karthago

IN CHRISTUS SEIN

Mit Christus auferstanden zu sein durch die Taufe, durch das Geschenk des Glaubens, für ein unzerstörbares Erbe, möge uns dazu bringen, vermehrt die Dinge Gottes zu suchen, mehr an ihn zu denken, mehr zu ihm zu beten.
Christ sein heißt nicht bloß, die Gebote befolgen, sondern in Christus sein, wie er denken, wie er handeln, wie er lieben; es bedeutet zuzulassen, dass er von unserem Leben Besitz ergreift und es verwandelt und frei macht vom Dunkel des Bösen und der Sünde.

Regina-Coeli-Gebet am 7. April 2013

BARMHERZIGKEIT FINDEN

Selig sind, die nicht gesehen und doch geglaubt haben: das ist die Seligpreisung des Glaubens! Zu allen Zeiten und an jedem Ort sind selig jene, die durch das in der Kirche verkündete und von den Christen bezeugte Wort glauben, dass Jesus Christus die Mensch gewordene Liebe Gottes, die Mensch gewordene Barmherzigkeit ist. Und das gilt für einen jeden von uns!

Regina-Coeli-Gebet am 7. April 2013

Mittwoch

JANUAR

21

Meinrad von Einsiedeln,
Agnes von Rom (Ines)

FRUCHT DER VERGEBUNG

Das ist kein Gruß und ebenso wenig ein einfacher Glückwunsch: es ist ein Geschenk, mehr noch: das kostbare Geschenk, das Christus seinen Jüngern gibt, nachdem er durch den Tod und das Reich des Todes gegangen ist. Er schenkt den Frieden, wie er verheißen hatte: „Frieden hinterlasse ich euch, meinen Frieden gebe ich euch; nicht einen Frieden, wie die Welt ihn gibt, gebe ich euch" (Joh 14,27). Dieser Friede ist die Frucht des Sieges der Liebe Gottes über das Böse, er ist Frucht der Vergebung. Und gerade so ist es: der wahre Friede, jener tiefe Friede, kommt aus der Erfahrung der Barmherzigkeit Gottes.

Ansprache zur Generalaudienz am 10. April 2013

ZEUGEN SEIN

Das Evangelium muss verkündet und bezeugt werden. Jeder müsste sich fragen: Wie bezeuge ich Christus mit meinem Glauben? Habe ich den Mut Petri und der anderen Apostel, als Christ zu denken, zu entscheiden und zu leben, indem ich Gott gehorche? Gewiss, das Zeugnis für den Glauben kennt viele Formen, wie es in einem großen Gemälde die Vielfalt der Farben und der Schattierungen gibt; aber alle sind wichtig, auch diejenigen, die nicht augenfällig sind. Im großen Plan Gottes ist jedes Detail wichtig, auch dein, auch mein kleines demütiges Zeugnis, auch das verborgene dessen, der in Einfachheit seinen Glauben im Alltag der Beziehungen in Familie, Arbeit und Freundschaft lebt.

Predigt in St. Paul vor den Mauern am 14. April 2013

Freitag

JANUAR

23

Heinrich Seuse, Hartmut von St. Gallen

HEILGE ZEIT

Es gibt die Heiligen des Alltags, die „verborgenen" Heiligen, eine Art „Mittelklasse der Heiligkeit" – wie ein französischer Autor gesagt hat –, diese „Mittelklasse der Heiligkeit", zu der wir alle gehören können. Doch in verschiedenen Teilen der Welt gibt es auch die, welche wie Petrus und die Apostel für das Evangelium leiden; die ihr Leben hingeben, um Christus treu zu bleiben, und dieses Zeugnis mit ihrem Blut bezahlen. Erinnern wir uns alle gut daran: Man kann das Evangelium Jesu nicht ohne das konkrete Lebenszeugnis verkünden.

Predigt in St. Paul vor den Mauern am 14. April 2013

Samstag

Franz von Sales, Arno von Salzburg,
Vera von Clermont

24 JANUAR

ZEUGNIS GEBEN

Wer uns hört und uns sieht, muss in unserem Tun das lesen können, was er aus unserem Mund hört, und Gott die Ehre geben! Da kommt mir jetzt ein Rat in den Sinn, den der heilige Franziskus von Assisi seinen Mitbrüdern gab: „Verkündet das Evangelium und, sollte es nötig sein, auch mit Worten!" Verkünden mit dem Leben: Zeugnis geben. Die Inkohärenz der Gläubigen und der Hirten zwischen dem, was sie sagen, und dem, was sie tun, zwischen dem Wort und der Lebensweise untergräbt die Glaubwürdigkeit der Kirche.

Predigt in St. Paul vor den Mauern am 14. April 2013

Sonntag

JANUAR

25

3. SO. IM JAHREKREIS
Bekehrung des Apostels Paulus, Wolfram

EINLADUNG DES HERRN

Der Herr ruft uns jeden Tag, ihm mutig und treu zu folgen. Er hat uns das große Geschenk gemacht, uns als seine Jünger zu erwählen; er sendet uns, ihn freudig als den Auferstandenen zu verkünden, doch er verlangt von uns, das durch das Wort und durch das Zeugnis unseres Lebens zu tun, im Alltag. Der Herr ist der Eine, der einzige Gott unseres Lebens, und er lädt uns ein, uns unserer vielen Götzen zu entäußern und ihn allein anzubeten. Verkünden, bezeugen, anbeten.

Predigt in St. Paul vor den Mauern am 14. April 2013

FOLGE MIR NACH

Der Herr ruft auch heute! Der Herr geht auf den Wegen unseres alltäglichen Lebens. Auch heute, in diesem Augenblick. Er ruft uns, mit ihm zu gehen, mit ihm für das Reich Gottes zu arbeiten, in den „Galiläas" unserer Zeiten. Jeder von euch denke daran: Der Herr geht heute vorbei, der Herr blickt auf mich, er schaut auf mich! Was sagt mir der Herr? Und wenn einer von euch den Herrn sagen hört: „Folge mir nach", dann soll er mutig sein und mit dem Herrn gehen. Der Herr enttäuscht nie. Spürt in eurem Herzen, ob der Herr euch ruft, ihm nachzufolgen!

Angelusgebet am 26. Januar 2014

Dienstag

JANUAR

27 Angela Merici, Gerhard von Kremsmünster, Julian von Le Mans

KRAFT IN DER SCHWACHHEIT

Bleibt unerschütterlich auf dem Weg des Glaubens mit der festen Hoffnung auf den Herrn. Darin liegt das Geheimnis unseres Weges! Er gibt uns den Mut, gegen den Strom zu schwimmen [...]. Das ist gut für's Herz, aber es braucht Mut, um gegen den Strom zu schwimmen, und Er gibt uns diesen Mut! Es gibt keine Schwierigkeiten, Drangsale, Verständnislosigkeiten, die uns Angst machen müssen, wenn wir mit Gott verbunden bleiben wie die Rebzweige mit dem Weinstock, wenn wir die Freundschaft mit ihm nicht verlieren, wenn wir ihm immer mehr Raum geben in unserem Leben.

Predigt zur hl. Messe mit Firmungen am 28. April 2013

VERTRAUEN IN GOTT

Er ist so barmherzig, der Herr: Immer verzeiht er uns, wenn wir zu ihm gehen. Haben wir Vertrauen in das Handeln Gottes! Mit ihm können wir große Dinge tun; er wird uns die Freude spüren lassen, seine Jünger, seine Zeugen zu sein. Setzt auf die großen Ideale, auf die großen Dinge! Wir Christen sind vom Herrn nicht für Kleinigkeiten auserwählt, das geht immer darüber hinaus, zu den großen Dingen! Setzt das Leben für große Ideale ein [...]! Neuheit Gottes, Drangsal im Leben, unerschütterlich im Herrn. Liebe Freunde, reißen wir die Tür unseres Lebens auf für die Neuheit Gottes, die der Heilige Geist uns schenkt, damit sie uns verwandelt.

Predigt in der hl. Messe mit Firmungen am 28. April 2013

Donnerstag

JANUAR 29 Valerius von Trier, Josef Freinademetz

DIE TALENTE ENTDECKEN

Ein Christ, der sich in sich selbst verschließt, der all das versteckt, was der Herr ihm gegeben hat, ist ein Christi – ist kein Christ! Er ist ein Christ, der Gott nicht für all das dankt, was er ihm geschenkt hat! Das sagt uns, dass das Warten auf die Wiederkunft des Herrn die Zeit des Handelns ist – wir sind in der Zeit des Handelns –, die Zeit, in der wir die Gaben Gottes Frucht bringen lassen sollen, nicht für uns selbst, sondern für ihn, für die Kirche, für die Mitmenschen, die Zeit, in der wir stets danach streben müssen, das Gute in der Welt wachsen zu lassen. Und insbesondere in dieser Zeit der Krise heute ist es wichtig, sich nicht in sich selbst zu verschließen.

Generalaudienz am 24. April 2013

Freitag

30 JANUAR

Martina, Serena von Spoleto, Maria Ward, Diethild, Adelgunde von Maubeuge

GESCHENK DER GNADE

Der Glaube ist vor allem ein Geschenk, das wir empfangen haben. Aber um Früchte zu tragen, erfordert die Gnade Gottes immer unsere Offenheit gegenüber Gott, unsere freie und konkrete Antwort. Christus kommt, um uns die rettende Barmherzigkeit Gottes zu bringen. An uns ist es, uns ihm anzuvertrauen, dem Geschenk seiner Liebe mit einem guten Leben zu entsprechen, in dem unser Handeln vom Glauben und von der Liebe beseelt ist.

Generalaudienz am 24. April 2013

Samstag

JANUAR

31

Johannes Bosco, Marcella,
Hemma (Emma)

DURCH DIE TÜREN GEHEN

Kirche sein, Volk Gottes sein, nach dem großen Liebesplan des Vaters, bedeutet, der Sauerteig Gottes in unserer Menschheit zu sein. Es bedeutet, Gottes Heil zu verkünden und in unsere Welt zu tragen, die oft verloren ist, die Antworten braucht, die Mut machen, Hoffnung schenken, neue Kraft auf dem Weg schenken. Die Kirche möge Ort der Barmherzigkeit und der Hoffnung Gottes sein, wo jeder spüren kann, dass er angenommen und geliebt ist, dass ihm vergeben wurde, und er sich ermutigt fühlt, dem guten Leben des Evangeliums gemäß zu leben. Und damit der andere sich angenommen und geliebt fühlt, damit er spürt, dass ihm vergeben wurde.

Generalaudienz am 12. Juni 2013

Sonntag

4. SO. IM JAHRESKREIS
Brigida (Brigitta), Sigisbert III. (Sigbert)

01 FEBRUAR

DAS HEIL SCHAUEN

Der Evangelist Lukas erzählt, dass die Muttergottes und der heilige Josef den Knaben gemäß dem Gesetz des Mose zum Tempel brachten, um ihn dem Herrn darzubringen, und dass zwei alte Menschen, Simeon und Hanna, vom Heiligen Geist geführt, ihnen entgegengingen und in Jesus den Messias erkannten (vgl. Lk 2,22-38). Simeon nahm ihn in die Arme und dankte Gott, weil er endlich das Heil „geschaut" hatte; Hanna fand trotz ihres hohen Alters neue Kraft und sprach zu allen über das Kind. Das ist ein schönes Bild: zwei junge Eltern und zwei alte Menschen von Jesus zusammengeführt.

Brief an die Familien vom 2. Februar 2014

Montag

FEBRUAR 02 DARSTELLUNG DES HERRN (MARIÄ LICHTMESS)
Dietrich, Alfred Delp

BROT DES LEBENS

Wirklich, Jesus lässt die Generationen einander begegnen und vereint sie! Er ist die unerschöpfliche Quelle jener Liebe, die alle Verschlossenheit, alle Einsamkeit, alle Traurigkeit überwindet. Auf eurem Weg als Familie teilt ihr viele schöne Momente miteinander: die Mahlzeiten, die Ruhe, die Arbeit im Hause, die Vergnügungen, das Gebet, die Reisen und die Wallfahrten, die Taten der Solidarität… Doch wenn die Liebe fehlt, fehlt die Freude, und die echte Liebe wird uns von Jesus geschenkt: Er bietet uns sein Wort an, das unseren Weg erleuchtet; er gibt uns das Brot des Lebens, das die tägliche Mühe unseres Weges unterstützt.

Brief an die Familien vom 2. Februar 2014

Blasius, Alois Andritzki, Ansgar von Hamburg-Bremen, Simeon und Hanna

HOFFNUNG SCHENKEN

Die Selbsthingabe an Gott betrifft jeden Christen, da wir alle ihm durch die Taufe geweiht sind. Wir alle sind berufen, uns dem Vater mit Jesus und wie Jesus hinzugeben, indem wir aus unserem Leben ein großherziges Geschenk machen: in der Familie, bei der Arbeit, im Dienst für die Kirche, in den Werken der Barmherzigkeit.

Angelusgebet am 2. Februar 2014

Mittwoch

FEBRUAR 04 Rabanus Maurus, Veronika, Gilbert, Christian von Himmerod

DAS LEBEN WEIHEN

Die Kirche und die Welt brauchen dieses Zeugnis der Liebe und der Barmherzigkeit Gottes. Die geweihten Personen, die Ordensmänner, die Ordensfrauen sind Zeugnis dafür, dass Gott gut und barmherzig ist. Deshalb ist es notwendig, dankbar die Erfahrungen geweihten Lebens in ihrem Wert herauszustellen und die Kenntnis der verschiedenen Charismen und Spiritualitätsformen zu vertiefen. Man muss darum beten, dass viele junge Menschen „Ja" sagen zum Herrn, der sie beruft, sich ganz ihm zu weihen für einen selbstlosen Dienst an den Brüdern und Schwestern; das Leben dem Dienst an Gott und an den Brüdern zu weihen.

Angelusgebet am 2. Februar 2014

BARMHERZIGE ZEITEN

Von der „Krankensalbung" zu sprechen hilft uns dagegen, vor dem Horizont der Barmherzigkeit Gottes den Blick für die Erfahrung der Krankheit und des Leidens zu weiten. Es gibt ein biblisches Bild, das in seiner ganzen Tiefe das in der Krankensalbung durchscheinende Geheimnis zum Ausdruck bringt: Es ist das Gleichnis vom „Barmherzigen Samariter", im Evangelium nach Lukas (10,30-35). Jedes Mal, wenn wir dieses Sakrament feiern, steht Jesus, der Herr, in der Person des Priesters dem Leidenden und Schwerkranken oder dem alten Menschen bei.

Generalaudienz am 26. Februar 2014

Freitag

FEBRUAR

06

Paul Miki und Gefährten, Dorothea von Kappadokien, Reinhild, Hildegund

ZEICHEN DER GÜTE

Im Gleichnis heißt es, dass der barmherzige Samariter sich um den leidenden Menschen kümmert, indem er Öl und Wein auf seine Wunden gießt. Das Öl lässt uns an das Öl denken, das jedes Jahr in der Chrisam-Messe am Gründonnerstag vom Bischof geweiht wird, gerade im Hinblick auf die Krankensalbung. Der Wein dagegen ist Zeichen der Liebe und der Gnade Christi, die aus der Hingabe seines Lebens für uns hervorgehen und die im sakramentalen Leben der Kirche in all ihrem Reichtum zum Ausdruck kommen. Schließlich wird der leidende Mensch dem Wirt einer Herberge anvertraut, damit dieser weiter für ihn sorgen kann.

Generalaudienz am 26. Februar 2014

Samstag

Richard von England,
Francesco Antonio Postillo

07 FEBRUAR

JESUS SELBST KOMMT

Aber wenn jemand krank ist, denkt man manchmal: „Rufen wir den Priester an, damit er kommt." „Nein, das bringt noch Unglück, rufen wir ihn nicht." Oder: „Dann bekommt der Kranke noch einen Schreck." Warum meint man das? Weil ein bisschen die Vorstellung da ist, dass nach dem Priester das Bestattungsunternehmen kommt. Und das ist nicht wahr. Man muss den Priester zum Kranken rufen und sagen: „Kommen Sie, spenden Sie ihm die Salbung, segnen Sie ihn!" Jesus selbst ist es, der kommt, um den Kranken zu trösten, um ihm Kraft zu schenken, um ihm Hoffnung zu schenken, um ihm zu helfen; auch um ihm die Sünden zu vergeben. Und das ist wunderschön!

Generalaudienz am 26. Februar 2014

Sonntag

FEBRUAR

08

5. SO. IM JAHRESKREIS
Hieronymus Ämiliani, Josefina Bakita, Philipp Jeningen

GLAUBE UND HOFFNUNG

Und man darf nicht meinen, es sei ein Tabu, denn es ist immer schön zu wissen, dass wir im Augenblick des Schmerzes und der Krankheit nicht allein sind: Der Priester und alle, die bei der Krankensalbung anwesend sind, sind nämlich stellvertretend für die ganze christliche Gemeinde da, die sich wie ein Leib um den Leidenden und seine Angehörigen schart, in ihnen den Glauben und die Hoffnung nährt und sie durch das Gebet und die brüderliche Wärme stützt.

Generalaudienz am 26. Februar 2014

DIE KRAFT JESU

Der größte Trost kommt jedoch aus der Tatsache, dass Jesus, der Herr, selbst im Sakrament gegenwärtig ist: Er nimmt uns an der Hand, er liebkost uns wie er es mit den Kranken getan hat, und er erinnert uns daran, dass wir nunmehr ihm gehören und dass nichts – nicht einmal das Böse und der Tod – uns jemals von ihm trennen kann. Pflegen wir den Brauch, den Priester zu unseren Kranken – ich meine nicht die, die an einer Grippe erkrankt sind, die drei oder vier Tage dauert, sondern im Falle einer ernsthaften Erkrankung – und auch zu unseren alten Menschen zu rufen, damit er ihnen dieses Sakrament spendet, diesen Trost, diese Kraft Jesu, um voranzugehen? Tun wir es!

Generalaudienz am 26. Februar 2014

Dienstag

FEBRUAR

10

Scholastika, Wilhelm der Große, Brun von Minden (Bruno)

DIE GEGENWART DES HERRN

Die Messe ist kein touristischer Ausflug. Nein! Ihr kommt hierher, und wir versammeln uns hier, um in das Mysterium einzutreten. Wenn ich von Liturgie spreche, dann beziehe ich mich in erster Linie auf die heilige Messe. Wenn wir die Messe feiern, dann stellen wir nicht das Letzte Abendmahl dar. Die Messe ist keine Aufführung; sie ist etwas anderes. Sie ist das Letzte Abendmahl; sie ist das erneute Erleben von Leid und Erlösungstod des Herrn. Sie ist eine Theophanie: der Herr wird auf dem Altar gegenwärtig, um dem Vater für das Heil der Welt dargebracht zu werden. Die Messe hört man nicht, man nimmt an ihr teil. Und man nimmt an dieser Theophanie teil, an diesem Mysterium der Gegenwart des Herrn unter uns.

Frühmesse in Sancta Marta am 10. Februar 2014

Mittwoch

Unsere Liebe Frau in Lourdes,
Theodor Babilon, Anselm

11 FEBRUAR

RAUM GOTTES

Wie oft zählen wir die Minuten... „Ich habe nur eine halbe Stunde, ich muss zur Messe gehen ...." Das ist nicht die angemessene Haltung, die die Liturgie von uns fordert: die Liturgie ist Zeit Gottes und Raum Gottes, und wir müssen dort hineingehen, in die Zeit Gottes, in den Raum Gottes, und nicht auf die Uhr schauen. Die Liturgie besteht gerade darin, in Gottes Mysterium einzutreten; sich zum Mysterium führen zu lassen und im Mysterium zu sein. [...]Wir versammeln uns hier, um in das Mysterium einzutreten. Und das ist die Liturgie, die Zeit Gottes, der Raum Gottes, die Wolke Gottes, die uns alle einhüllt.

Frühmesse in Sancta Marta am 10. Februar 2014

Jorge M. Bergoglio 2001 Kardinalsernennung
Benedikt von Aniane, Gregor II.

DAS MYSTERIUM

Bitten wir den Herrn darum, uns allen dieses Gespür für das Heilige zu geben, dieses Gespür, das uns verstehen lässt, dass es eine Sache ist, zu Hause zu beten, in der Kirche zu beten, den Rosenkranz zu beten, viele schöne Gebete zu sprechen, den Kreuzweg zu gehen, die Bibel zu lesen; etwas anderes ist hingegen die Eucharistiefeier. In der heiligen Messe treten wir in das Mysterium Gottes ein, in jenen Weg, den wir nicht kontrollieren können: Er allein ist der Einzige, Er ist die Herrlichkeit, Er ist die Macht. Bitten wir um diese Gnade, dass der Herr uns lehren möge, in das Mysterium Gottes einzutreten.

Frühmesse in Sancta Marta am 10. Februar 2014

Freitag

13 FEBRUAR

Jordan von Sachsen, Christina von Spoleto,
Gisela von Veltheim

LEBEN IN GEMEINSCHAFT

Gott hat uns geschaffen, damit wir in einer Beziehung enger Freundschaft zu ihm leben, und auch als die Sünde diese Beziehung zu ihm, zu den anderen und zur Schöpfung zerstört hat, hat Gott uns nicht verlassen. Die ganze Heilsgeschichte ist die Geschichte Gottes, der den Menschen sucht, ihm seine Liebe anbietet, ihn annimmt. Er hat Abraham zum „Stammvater einer Menge" bestimmt, er hat das Volk Israel auserwählt, um mit ihm einen Bund zu schließen, der alle Völker umfasst, und in der Fülle der Zeit hat er seinen Sohn gesandt, damit sein Liebesplan in einem neuen und ewigen Bund mit der ganzen Menschheit verwirklicht wird.

Generalaudienz am 29. Mai 2013

Samstag

FEBRUAR

14

VALENTINSTAG
Cyrill und Method, Valentin von Terni, Giovanni Garcia (Johannes)

BARMHERZIGKEIT LEBEN

Die Kirche ist die große Familie der Kinder Gottes. Gewiss hat sie auch menschliche Aspekte. Bei jenen, aus denen sie sich zusammensetzt, Hirten und Gläubigen, gibt es Fehler, Unvollkommenheiten, Sünden – auch der Papst hat sie, und zwar viele –, aber das Schöne ist: Wenn wir merken, dass wir Sünder sind, finden wir die Barmherzigkeit Gottes, der immer vergibt. Vergesst das nicht: Gott vergibt immer und nimmt uns in seiner verzeihenden und barmherzigen Liebe an.

Generalaudienz am 29. Mai 2013

GLAUBE IST GESCHENK

Einige sagen, die Sünde ist eine Beleidigung Gottes, aber auch eine Gelegenheit zur Demut, um wahrzunehmen, dass es noch etwas Anderes, etwas Schöneres gibt: die Barmherzigkeit Gottes. Denken wir daran. Wir wollen uns heute fragen: Wie sehr liebe ich die Kirche? Bete ich für sie? Fühle ich mich als Teil der Familie der Kirche? Was tue ich, damit sie eine Gemeinschaft ist, in der jeder sich angenommen und verstanden fühlt, die Barmherzigkeit und die Liebe Gottes spürt, die das Leben erneuert? Der Glaube ist ein Geschenk und ein Akt, der uns persönlich betrifft, aber Gott ruft uns auf, unseren Glauben gemeinsam zu leben, als Familie, als Kirche.

Generalaudienz am 29. Mai 2013

Montag

FEBRUAR

16

ROSENMONTAG
Juliana von Nikomedien, Philippa Mareri

FREUDE ÜBER FREUDE

Seid niemals traurige Menschen: ein Christ darf das niemals sein! Lasst euch niemals von Mutlosigkeit überwältigen! Unsere Freude entspringt nicht aus dem Besitzen vieler Dinge, sondern daraus, einer Person begegnet zu sein: Jesus, der in unserer Mitte ist; sie entspringt aus dem Wissen, dass wir mit ihm niemals einsam sind, selbst in schwierigen Momenten nicht, auch dann nicht, wenn der Lebensweg auf Probleme und Hindernisse stößt, die unüberwindlich scheinen, und davon gibt es viele!

Predigt am Palmsonntag, 24. März 2013

ZU GOTT ZURÜCKKEHREN

In dieser Woche werden wir die Fastenzeit beginnen, die der Weg des Volkes Gottes hin zu Ostern ist, ein Weg der Umkehr, des Kampfes gegen das Böse mit den Waffen des Gebets, des Fastens, der Barmherzigkeit. Die Menschheit bedarf der Gerechtigkeit, der Aussöhnung, des Friedens, und sie wird sie nur erlangen können, wenn sie mit ganzem Herzen zu Gott zurückkehrt, der deren Quelle ist. Auch wir alle bedürfen der Vergebung Gottes. Treten wir in die Fastenzeit im Geist der Anbetung Gottes und der brüderlichen Solidarität mit allen ein, die in diesen Zeiten von Armut und gewalttätigen Konflikten heimgesucht werden.

Angelusgebet am 2. März 2014

Mittwoch

FEBRUAR 18

ASCHERMITTWOCH
Angelikus von Fiesole, Simon, Constantia (Konstanze)

WENDEPUNKTE MARKIEREN

Heute, am Aschermittwoch, beginnt der 40-tägige Weg der Fastenzeit, der uns zum Ostertriduum führen wird, dem Gedenken des Leidens, des Todes und der Auferstehung des Herrn, Herzstück des Geheimnisses unseres Heils. Die Fastenzeit bereitet uns auf diesen so wichtigen Augenblick vor, daher ist sie eine „geprägte" Zeit, ein Wendepunkt, der in jedem von uns den Wandel, die Umkehr fördern kann. Wir alle müssen uns bessern, zum Besseren wandeln. Die Fastenzeit hilft uns, und so kommen wir aus den müden Gewohnheiten und aus der trägen Gewöhnung an das Böse, das uns auflauert, heraus.

Generalaudienz am 5. März 2014

Donnerstag

19 FEBRUAR

Bonifatius von Lausanne, Irmgard von Apsel (von Köln), Hadwig von Cappenberg

UNSERE UMKEHR

In der Fastenzeit richtet die Kirche zwei wichtige Einladungen an uns: uns des Heilswerkes Christi in lebendigerer Weise bewusst zu werden; die eigene Taufe eifriger zu leben. Das Bewusstsein um die Wunder, die der Herr für unser Heil gewirkt hat, macht unseren Verstand und unser Herz bereit zur Dankbarkeit gegenüber Gott, für das, was er uns geschenkt hat, für all das, was er für sein Volk und die ganze Menschheit vollbringt. Hier beginnt unsere Umkehr: Sie ist die dankbare Antwort auf das wunderbare Geheimnis der Liebe Gottes. Wenn wir diese Liebe sehen, die Gott zu uns hat, dann spüren wir den Wunsch, uns ihm zu nähern: Das ist die Umkehr.

Generalaudienz am 5. März 2014

Freitag

FEBRUAR

20 Jordan Mai, Falko von Tongern, Pierre Romancon

KREUZZEICHEN

Wir gewöhnen uns daran, in einer Gesellschaft zu leben, die den Anspruch erhebt, ohne Gott auszukommen, in der die Eltern die Kinder nicht mehr lehren zu beten und das Kreuzzeichen zu machen. Ich frage euch: Können eure Kinder das Kreuzzeichen machen? Denkt darüber nach. Können eure Enkel das Kreuzzeichen machen? Habt ihr es ihnen beigebracht? Denkt darüber nach und antwortet in eurem Herzen. Können sie das Vaterunser beten? Können sie mit dem „Ave Maria" zur Gottesmutter beten? Denkt darüber nach und antwortet darauf. Diese Gewöhnung an nichtchristliche und bequeme Verhaltensweisen betäubt uns das Herz!

Generalaudienz am 5. März 2014

Samstag

21 FEBRUAR

Petrus Damiani, Irene von Rom,
Germanus von Granfelden

BEKEHRUNG ZUR LIEBE

Die Fastenzeit kommt uns entgegen als von der Vorsehung bestimmte Zeit, um die Richtung zu ändern, um die Fähigkeit wiederzuerlangen, auf die Wirklichkeit des Bösen, die uns stets herausfordert, zu reagieren. Die Fastenzeit muss als Zeit der Umkehr, der persönlichen und gemeinschaftlichen Erneuerung durch die Annäherung an Gott und die vertrauensvolle Treue zum Evangelium gelebt werden. Daher ist die Fastenzeit ein günstiger Augenblick, um sich zur Liebe zu Gott und zum Nächsten zu bekehren; zu einer Liebe, die sich die Haltung der Unentgeltlichkeit und der Barmherzigkeit des Herrn zu Eigen macht, der „euretwegen arm wurde, um euch durch seine Armut reich zu machen" (vgl. 2 Kor 8,9b).

Generalaudienz am 5. März 2014

Sonntag

FEBRUAR

22

1. FASTENSONNTAG
Kathedra Petri, Isabella von Frankreich, Margareta von Cortona

WEG DES VERZICHTS

Nur wenn die Schwierigkeiten und Leiden unserer Brüder und Schwestern uns nahe gehen, nur dann können wir unseren Weg der Bekehrung auf Ostern hin beginnen. Es ist ein Weg, der das Kreuz und den Verzicht einschließt. Alle drei beinhalten die Notwendigkeit, sich nicht beherrschen zu lassen von den Dingen, die in Erscheinung treten: was zählt, ist nicht der Schein; der Wert des Lebens hängt nicht von der Anerkennung der anderen oder vom Erfolg ab, sondern von dem, was in unserem Inneren ist. [...] Fasten hilft uns, das Herz für das Wesentliche und das Teilen zu trainieren. [...] Es ist ein Zeichen für das Vertrauen, das wir in Gott und seine Vorsehung setzen.

Predigt am 5. März 2014

Montag

23 FEBRUAR

Otto von Cappenberg, Romana von Todi

ARMUT LERNEN

Christus ist arm geworden, um uns durch seine Armut reich zu machen. Diese liebevolle Armut ist Solidarität, Teilen und Nächstenliebe und kommt zum Ausdruck in der Nüchternheit, in der Suche nach Gerechtigkeit und in der Freude über das Wesentliche, als Warnung vor den materiellen Götzen, die den wahren Sinn des Lebens verdunkeln. Wir brauchen keine theoretische Armut, sondern eine Armut, die man lernt, indem man das Fleisch des armen Christus berührt, in den Geringen, in den Armen, in den Kranken, in den Kindern. Ihr sollt noch heute die Vorposten der Achtsamkeit sein gegenüber allen Armen und allen Nöten.

Botschaft an die Teilnehmer eines kirchlichen Symposiums in der Päpstlichen Universität Antonianum am 8. März 2014

Dienstag

FEBRUAR

24

Apostel Matthias, Engelbert, Ida, Irmengard

ZEIT DER GNADE

Die Fastenzeit ist eine Zeit der Gnade für uns alle, um einen Weg der Umkehr zu beschreiten, indem wir uns aufrichtig mit diesem Abschnitt aus dem Evangelium auseinandersetzen. Wir wollen unsere Taufversprechen erneuern: Widersagen wir dem Satan und all seinen Werken und Verführungen – denn er ist ein Verführer –, um auf den Wegen Gottes zu gehen und „das Osterfest in der Freude des Heiligen Geistes zu erwarten".

Angelusgebet am 9. März 2014

KRAFT DES GEBETS

Das erste Element ist das Gebet. Das Gebet ist die Kraft des Christen und jedes gläubigen Menschen. In der Schwachheit und Verletzlichkeit unseres Lebens können wir uns mit dem Vertrauen eines Kindes an Gott wenden und in die Gemeinschaft mit ihm eintreten. Angesichts der vielen Wunden, die uns weh tun und die unser Herz verhärten könnten, sind wir aufgerufen, in den Ozean des Gebetes einzutauchen, der der Ozean der grenzenlosen Liebe Gottes ist, um seine Zärtlichkeit zu kosten. Die Fastenzeit ist eine Zeit des Gebets, eines intensiveren Gebets, eines längeren, ausdauernden Gebets, das in der Lage ist, sich die Nöte der Brüder und Schwestern zu eigen zu machen.

Predigt zum Aschermittwoch am 5. März 2014

Mechthild von Sponheim, Dionysius von Augsburg, Ulrich von Obermarchtal

BEZIEHUNG ZU GOTT

Eine wichtige Herausforderung ist, zu zeigen, dass die Lösung niemals darin besteht, einer persönlichen und engagierten Beziehung zu Gott, die sich zugleich für die anderen einsetzt, auszuweichen. Das ist es, was heute geschieht, wenn die Gläubigen sich so verhalten, dass sie sich gleichsam verstecken und den anderen aus den Augen gehen, und wenn sie spitzfindig von einem Ort zum anderen oder von einer Aufgabe zur anderen flüchten, ohne tiefe und feste Bindungen zu schaffen: „Imaginatio locorum et mutatio multos fefellit" (Thomas von Kempen, Die Nachfolge Christi, Liber Primus, IX, 5: „Die Einbildung, mit dem Wechsel des Ortes würde es besser, hat schon viele getäuscht").

Evangelii Gaudium, 91

JESUS ERKENNEN

Es ist eine falsche Abhilfe, die das Herz und manchmal auch den Leib krank macht. Es ist nötig, zu der Einsicht zu verhelfen, dass der einzige Weg darin besteht zu lernen, den Mitmenschen in der rechten Haltung zu begegnen, indem man sie schätzt und als Weggefährten akzeptiert ohne innere Widerstände. Noch besser: Es geht darum zu lernen, Jesus im Gesicht der anderen, in ihrer Stimme, in ihren Bitten zu erkennen. Und auch zu lernen, in einer Umarmung mit dem gekreuzigten Jesus zu leiden, wenn wir ungerechte Aggressionen oder Undankbarkeiten hinnehmen, ohne jemals müde zu werden, die Brüderlichkeit zu wählen.

Evangelii Gaudium, 91

Samstag

FEBRUAR

28

Jose M. Bergoglio 1998 Erzbischof von Buenos Aires, Silvana, Romanus, Oswald, Antonia von Florenz

BERUFEN ZUR GEMEINSCHAFT

Eine *mystische*, kontemplative Brüderlichkeit ist, die die heilige Größe des Nächsten zu sehen weiß; die in jedem Menschen Gott zu entdecken weiß; die die Lästigkeiten des Zusammenlebens zu ertragen weiß, indem sie sich an die Liebe Gottes klammert; die das Herz für die göttliche Liebe zu öffnen versteht, um das Glück der anderen zu suchen, wie es ihr guter himmlischer Vater sucht. Gerade in dieser Zeit und auch dort, wo sie eine „kleine Herde" sind (Lk 12,32), sind die Jünger des Herrn berufen, als eine Gemeinschaft zu leben, die Salz der Erde und Licht der Welt ist (vgl. Mt 5,13-16).Sie sind berufen, auf immer neue Weise Zeugnis für eine evangelisierende Zugehörigkeit zu geben.

Evangelii Gaudium, 92

MEHR ALS HÖREN

Was sind die Aufgaben des Christen? Vielleicht werdet ihr mir sagen: an den Sonntagen zur Messe gehen; in der Karwoche fasten und die Abstinenz einhalten; das tun... Doch die erste Aufgabe des Christen ist, auf das Wort Gottes zu hören, auf Jesus zu hören, weil er zu uns spricht und er uns mit seinem Wort rettet. Und er macht mit diesem Wort auch unseren Glauben kräftiger, stärker. Auf Jesus hören! „Aber Pater, ich höre auf Jesus, ich höre sehr auf ihn!" „Ja? Was hörst du?" „Ich höre das Radio, ich höre das Fernsehen, ich höre das Gerede der Leute...". Vieles hören wir im Lauf des Tages, vieles... Doch ich frage euch etwas: nehmen wir uns jeden Tag ein wenig Zeit, um auf Jesus zu hören, um das Wort Jesu zu hören?

Predigt am 16. März 2014

Montag

MÄRZ 02 Agnes von Böhmen, Karl der Gute

JESUS TREFFEN

Auf das Wort Jesu hören, um uns zu nähren! Das bedeutet, dass das Wort Jesu die stärkste Mahlzeit für die Seele ist: es nährt uns die Seele, es nährt den Glauben! Ich rate euch, euch jeden Tag ein paar Minuten zu nehmen, um einen schönen Abschnitt aus dem Evangelium zu lesen und zu spüren, was dort geschieht. Jesus spüren, und jenes Wort Jesu tritt jeden Tag in unsere Herzen ein und macht uns im Glauben stärker. Ich rate euch, auch ein kleines Evangelium zu haben, ein ganz kleines, das man in der Jackentasche, in der Handtasche mitnehmen kann.

Predigt am 16. März 2014

Dienstag

Kunigunde, Friedrich, Katharina Maria Drexel 03 MÄRZ

ERSTE MAHLZEIT

Wenn du aber sitzt, da oder dort, kannst du lesen, auch während des Tages, da kannst du das Evangelium nehmen und einige Worte lesen. Das Evangelium immer mitnehmen! Von einigen Märtyrern der ersten Zeiten – zum Beispiel von der hl. Cäcilie – sagte man, dass sie immer ein Evangelium bei sich hatten: sie nahmen das Evangelium mit; sie, Cäcilie, nahm das Evangelium mit. Denn es ist gerade unsere erste Mahlzeit, es ist das Wort Jesu, das unseren Glauben nährt.

Predigt am 16. März 2014

Mittwoch

MÄRZ 04

Kasimir von Polen, Rupert, Walburga von Neuenheerse

LICHT DES GLAUBENS

Ich werde eingeladen, auf Jesus zu hören, und Jesus zeigt sich und fordert uns mit seiner Verklärung auf, ihn anzublicken. Und der Blick auf Jesus reinigt unsere Augen und bereitet sie auf das ewige Leben vor, auf die Schau des Himmels. Vielleicht sind unsere Augen ein wenig krank, weil wir so viele Dinge sehen, die nicht von Jesus und auch gegen Jesus sind: weltliche Dinge, Dinge, die dem Licht der Seele nicht gut tun. Und so erlischt dieses Licht langsam, und ohne es zu wissen, enden wir in einer inneren Finsternis, in der geistlichen Finsternis, in der Finsternis des Glaubens: eine Finsternis, weil wir es nicht gewöhnt sind, auf die Dinge Jesu zu blicken, sie uns vorzustellen.

Predigt am 16. März 2014

HÖREN UND HANDELN

Das ist es, worum wir heute den Vater gebeten haben, dass er uns lehre, auf Jesus zu hören und auf Jesus zu blicken. Auf sein Wort hören, und denkt an das, was ich euch über das Evangelium sagte: das ist sehr wichtig! Und schauen: wenn ich das Evangelium lese, sich vorstellen und darauf schauen, wie Jesus war, wie er die Dinge machte. Uns so gehen unsere Einsicht, unser Herz voran auf dem Weg der Hoffnung, auf den uns der Herr setzt, wie er es – wir haben es gehört – mit unserem Vater Abraham getan hat. Erinnert euch immer daran: auf Jesus hören, um unseren Glauben stärker zu machen; auf Jesus blicken, um unsere Augen auf die schöne Schau seines Antlitzes vorzubereiten.

Predigt am 16. März 2014

Freitag

MÄRZ 06

Fridolin von Säckingen,
Mechthild von Hochsal, Franziska Streitel

AUF JESUS HÖREN

Ich frage euch etwas: Lest ihr jeden Tag einen Abschnitt aus dem Evangelium? Einige ja und einige nein. Aber das ist wichtig! Es ist eine gute Sache, ein kleines Evangelienbuch zu haben, ein kleines, und es immer bei sich zu haben, in der Jackentasche, in der Handtasche, um dann zu einer beliebigen Tageszeit einen kleinen Abschnitt zu lesen. An irgendeinem Moment des Tages nehme ich das Evangelium aus der Tasche und lese etwas. Dort, im Evangelium, spricht Jesus! Denkt daran. Das ist nicht schwer, und es ist nicht einmal notwendig, dass es alle vier sind: eines der Evangelien, ganz klein, das bei uns ist. Immer mit dem Evangelium bei uns, weil es das Wort Jesu ist, um darauf hören zu können.

Angelusgebet am 16. März 2014

HÖREN UND WEITERGEBEN

Wenn wir das Wort Jesu hören, wenn wir auf das Wort Jesu hören und es im Herzen haben, wächst jenes Wort. Und wisst ihr, wie es wächst? Indem man es dem Anderen gibt! Das Wort Christi in uns wächst, wenn wir es verkünden, wenn wir es den Anderen weitergeben! Und das ist das christliche Leben. Das ist eine Sendung für die ganze Kirche, für alle Getauften, für uns alle: auf das Wort Jesu hören und es den Anderen anbieten. Nicht vergessen: Hört auf Jesus!

Angelusgebet am 16. März 2014

Sonntag

MÄRZ 08

3. FASTENSONNTAG
Johannes von Gott, Michael Wittmann

PLATZ FÜR GOTT

Ein Herz, das vom Streben nach Besitz besetzt ist, ist ein Herz, das von diesem Besitzstreben, aber nicht von Gott erfüllt ist. Deshalb hat Jesus mehrmals die Reichen ermahnt, da sie der starken Gefahr ausgesetzt sind, ihre Sicherheit in die Güter dieser Welt zu setzen, aber die Sicherheit, die endgültige Sicherheit, ist in Gott. In einem Herzen, das von den Reichtümern besessen ist, gibt es nicht mehr viel Platz für den Glauben. Wenn man hingegen Gott den Platz einräumt, der ihm gebührt, das heißt den ersten, dann führt seine Liebe dazu, auch die Reichtümer zu teilen, sie in den Dienst von Projekten der Solidarität und der Entwicklung zu stellen, wie dies viele Beispiele zeigen.

Angelusgebet am 2. März 2014

Montag

09 MÄRZ

Bruno von Querfurt, Franziska von Rom

WENN GOTT RUFT

Und so geht die Vorsehung Gottes über unseren Dienst an den anderen, über unser Teilen mit den anderen. Wenn ein jeder von uns nicht nur für sich Reichtümer anhäuft, sondern sie in den Dienst an den anderen stellt, wird in diesem Fall die Vorsehung Gottes in dieser Geste der Solidarität sichtbar. Wenn einer dagegen nur für sich selbst anhäuft, was wird ihm geschehen, wenn Gott ihn rufen wird? Er wird die Reichtümer nicht mitnehmen können, denn – wisst ihr – das Totenhemd hat keine Taschen! Es ist besser, zu teilen, da wir in den Himmel nur das mitnehmen, was wir mit den anderen geteilt haben.

Angelusgebet am 2. März 2014

Dienstag

MÄRZ 10 Ämilian von Langny (Emil), Gustav von Schweden

KINDER DES VATERS

Der Weg, den Jesus weist, mag gegenüber der verbreiteten Denkart und den Problemen der Wirtschaftskrise wenig realistisch erscheinen; doch wenn man genau nachdenkt, führt er uns zur rechten Werteskala zurück. Er sagt: „Ist nicht das Leben wichtiger als die Nahrung und der Leib wichtiger als die Kleidung?" (Mt 6,25b). Damit es keinem an Brot, Wasser, Kleidung, einem Zuhause, an Arbeit und Gesundheit fehlt, ist es notwendig, dass wir alle uns als Kinder des Vaters im Himmel und somit untereinander als Geschwister erkennen und uns demgemäß verhalten.

Angelusgebet am 2. März 2014

FREUDE DER BEGEGNUNG

Die wahre Freude kommt nicht von den Dingen her, vom Besitz, nein! Sie kommt aus der Begegnung, aus der Beziehung zu den anderen Menschen, sie entsteht, wenn man sich akzeptiert, verstanden, geliebt fühlt und selbst akzeptiert, versteht und liebt; und zwar nicht mit dem kurzlebigen Interesse eines Augenblicks, sondern weil das Gegenüber, der andere, ein Mensch ist. Die Freude entsteht aus der Unentgeltlichkeit einer Begegnung!

Ansprache an die Seminaristen, Novizen und Novizinnen am 6. Juli 2013

Donnerstag

MÄRZ 12 Maximilian, Engelhard, Almut von Wetter, Beatrix von Engelport

DU BIST WICHTIG

Die Freude besteht darin, sich sagen zu hören: „Du bist wichtig für mich", auch wenn es nicht notwendigerweise in Worten ausgedrückt wird. Das ist schön ... Und Gott gibt uns gerade das zu verstehen. Gott sagt euch, indem er euch beruft: „Du bist mir wichtig, ich liebe dich, ich zähle auf dich." Jesus sagt das zu einem jeden von uns! Das ist der Ursprung der Freude!

Ansprache an die Seminaristen, Novizen und Novizinnen am 6. Juli 2013

Freitag

Jorge M. Bergoglio 2013 zum Papst gewählt,
Leander von Sevilla, Paulina von Paulinzella,
Judith von Ringelheim

13 MÄRZ

GLÄUBIG EMPFANGEN

Die Geduld Gottes muss in uns den Mut antreffen, zu ihm zurückzukehren, ganz gleich welchen Fehler, welche Sünde es in unserem Leben gibt. Jesus lädt Thomas ein, den Finger in die Wunden seiner Hände und Füße und die Hand in seine geöffnete Seite zu legen. Auch wir können in die Wunden Jesu hineinfassen, ihn wirklich berühren; und das geschieht jedes Mal, wenn wir gläubig die Sakramente empfangen.

Predigt zur Eucharistiefeier anlässlich der feierlichen Inbesitznahme der Kathedra des Bischofs von Rom am 7. April 2013

GUTER WEG

Leute, die schlecht über andere reden, sind hässlich. Ist es christlich, zu klatschen, oder nicht? Nein! Ist der Klatsch ein Gebet? Klatschen ist so wie beten, oder etwa nicht? Nein! Der Klatsch ist eine üble Sache. Man darf nie klatschen. Und wir müssen von diesem Augenblick an damit aufhören: niemals klatschen; nie Schlechtes über andere reden. Also, ich wünsche euch einen guten Weg, immer zusammen mit Jesus!

Ansprache bei der Audienz für die Kinder- und Jugendsektion der katholischen Aktion Italiens am 20. Dezember 2013

Sonntag

4. FASTENSONNTAG, LAETARE
Klemens Maria Hofbauer, Louise de Marillac

15 MÄRZ

KEINE ANGST

Gehen ist eine Kunst, denn wenn wir immer in Eile gehen, werden wir müde und können nicht am Ziel, am Ende des Weges ankommen. Wenn wir hingegen anhalten und nicht gehen, dann gelangen wir auch nicht ans Ziel. Gehen ist die Kunst, auf den Horizont zu blicken, daran zu denken, wohin ich gehen will, aber auch die Müdigkeit auf dem Weg auszuhalten. Und oft ist der Weg schwer, ist er nicht leicht. „Ich will diesem Weg treu bleiben, aber es ist nicht leicht, hörst du: Es gibt Dunkelheit, es gibt Tage der Dunkelheit, auch Tage des Scheiterns, auch Tage, an denen man fällt … man fällt, fällt…" Aber denkt immer daran: keine Angst zu haben vor dem Scheitern; keine Angst zu haben vor dem Fallen.

Ansprache an die Schüler der von Jesuiten geführten Schulen in Italien und Albanien am 7. Juni 2013

Montag

MÄRZ 16 Abraham von Kiduna, Heribert von Köln

DEIN WEG

In der Kunst des Gehens ist es nicht wichtig, nicht zu fallen, sondern nicht „ein Gefallener zu bleiben". Bald, sofort wieder aufzustehen und weiterzugehen. Und das ist schön: Es bedeutet, jeden Tag zu arbeiten, es bedeutet, menschlich zu gehen. Aber auch: Es ist schlecht, allein zu gehen, schlecht und langweilig. In Gemeinschaft gehen, mit den Freunden, mit denen, die uns lieb haben: Das hilft uns, es hilft uns, am Ziel anzukommen, an dem wir ankommen sollen. Ich weiß nicht, ob ich deine Frage beantwortet habe. Bist du dabei? Wirst du keine Angst haben vor dem Weg?

Ansprache an die Schüler der von Jesuiten geführten Schulen in Italien und Albanien am 7. Juni 2013

Dienstag

Gertrud von Nivelles, Patrick von Irland,
Konrad von Bayern

17 MÄRZ

NIE ALLEIN

Ich glaube, dass es nicht nur um Reichtum geht. Für mich ist es eine Frage der Persönlichkeit: Das ist es. Ich brauche es, unter Menschen zu leben, und wenn ich alleinleben würde, vielleicht ein wenig isoliert, dann würde es mir nicht gut tun. Ein Professor hat mir diese Frage gestellt: „Warum wollen Sie denn nicht dort wohnen?" Ich habe geantwortet: „Hören Sie, Herr Professor, aus psychiatrischen Gründen." Es ist meine Persönlichkeit. Auch die Wohnung [im Apostolischen Palast] ist nicht so luxuriös, da kann ich dich beruhigen... Aber ich kann nicht allein leben, verstehst du? Und außerdem glaube ich ja: Die Zeiten sprechen zu uns von so viel Armut in der Welt, und das ist ein Skandal.

Ansprache an die Schüler der von Jesuiten geführten Schulen in Italien und Albanien am 7. Juni 2013

Mittwoch

MÄRZ **18** Cyrill von Jerusalem, Eduard von England

JESUS ÄHNLICHER WERDEN

Die Armut der Welt ist ein Skandal. In einer Welt, in der es so viele Reichtümer gibt, so viele Ressourcen, um allen zu essen zu geben, kann man nicht verstehen, wieso es so viele hungernde Kinder gibt, warum es so viele Kinder ohne Schulbildung gibt, so viele Arme! Die Armut ist heute ein Schrei. Wir alle müssen darüber nachdenken, ob wir ein wenig ärmer werden können: auch das, wir alle müssen es tun. Wie ich ein wenig ärmer werden kann, um Jesus ähnlicher zu sein, der der arme Meister war. Das ist es. Es ist aber keine Frage meiner persönlichen Tugend, es ist nur, dass ich nicht allein leben kann. Und auch das mit dem Auto, was du sagst: nicht so viele Dinge haben und ein wenig ärmer werden. Das ist es.

Ansprache an die Schüler der von Jesuiten geführten Schulen in Italien und Albanien am 7. Juni 2013

Donnerstag

CH: JOSEPHSTAG
Josef, Bräutigam der Gottesmutter Maria

19 MÄRZ

GÜTE UND ZÄRTLICHKEIT

In den Evangelien erscheint Josef als ein starker, mutiger, arbeitsamer Mann, aber in seinem Innern zeigt sich eine große Zärtlichkeit, die nicht etwa die Tugend des Schwachen ist, nein, im Gegenteil: Sie deutet auf eine Seelenstärke hin und auf die Fähigkeit zu Aufmerksamkeit, zu Mitleid, zu wahrer Öffnung für den anderen, zu Liebe. Wir dürfen uns nicht fürchten vor Güte, vor Zärtlichkeit!

Predigt zur hl. Messe anlässlich der Übergabe des Palliums und des Fischerrings zum Beginn des Petrusdienstes am 19. März 2013

Freitag

MÄRZ 20

FRÜHLINGSANFANG
Irmgard, Wolfram von Sens,
Maria Josepha Sancho

DAS HEILSWERK

Durch die Sakramente der christlichen Initiation –Taufe, Firmung und Eucharistie – empfängt der Mensch das neue Leben in Christus. Wir alle wissen jedoch, dass wir dieses Leben „in zerbrechlichen Gefäßen" tragen (2 Kor 4,7), immer noch der Versuchung, dem Leiden, dem Tod unterworfen sind und aufgrund der Sünde sogar das neue Leben verlieren können. Daher wollte der Herr, dass die Kirche sein Heilswerk auch an den eigenen Gliedern fortsetzt, insbesondere durch die Sakramente der Versöhnung und der Krankensalbung, die vereint werden können unter dem Namen „Sakramente der Heilung".

Generalaudienz am 19. Februar 2014

VERGEBEN UND HEILEN

Das Sakrament der Versöhnung ist ein Sakrament der Heilung. Wenn ich zur Beichte gehe, dann tue ich dass, um Heilung für mich, Heilung für meine Seele, Heilung für mein Herz zu erlangen und etwas zu heilen, das ich getan habe und das nicht gut ist. Das biblische Bild, das sie in ihrer tiefen Verbundenheit am besten zum Ausdruck bringt, ist die Episode der Vergebung und Heilung des Gelähmten, wo Jesus, der Herr, sich als Arzt der Seele und des Leibes zugleich offenbart (vgl. Mk 2,1-12; Mt 9,1-8; Lk 5,17-26).

Generalaudienz am 19. Februar 2014

Sonntag

MÄRZ 22

5. FASTENSONNTAG
Lea von Rom, Clemens August von Galen, Elmar von Lidlom

FRIEDE DES HERRN

Das Sakrament der Buße und der Versöhnung geht unmittelbar aus dem Ostergeheimnis hervor. Denn noch am Abend des Paschafestes erschien der Herr den Jüngern, die sich im Abendmahlssaal eingeschlossen hatten. Und nachdem er den Gruß „Friede sei mit euch!" an sie gerichtet hatte, hauchte er sie an und sagte: „Empfangt den Heiligen Geist! Wem ihr die Sünden vergebt, dem sind sie vergeben" (Joh 20,21-23). Dieser Abschnitt offenbart uns die tiefste Dynamik, die in diesem Sakrament enthalten ist.

Generalaudienz am 19. Februar 2014

VERGEBUNG IST EIN GESCHENK

Zunächst die Tatsache, dass die Vergebung unserer Sünden nicht etwas ist, das wir uns selbst geben können. Ich kann nicht sagen: Ich vergebe mir die Sünden. Um Vergebung bittet man, bittet man einen anderen, und in der Beichte bitten wir Jesus um Vergebung. Die Vergebung ist nicht Frucht unseres Mühens, sondern sie ist ein Geschenk, sie ist ein Geschenk des Heiligen Geistes, der uns in die Barmherzigkeit und Gnade eintaucht, die unablässig vom geöffneten Herzen des gekreuzigten und auferstandenen Christus ausströmt.

Generalaudienz am 19. Februar 2014

Dienstag

MÄRZ 24 Katharina von Schweden, Elias von Rommersdorf

DAS HERZ IN DER LIEBE GOTTES

Außerdem erinnert er uns daran, dass wir nur wenn wir uns in Jesus mit dem Vater und mit den Brüdern versöhnen lassen, wirklich im Frieden sein können. Und das haben wir alle im Herzen gespürt, wenn wir zur Beichte gehen, mit einer Last auf der Seele, etwas Traurigkeit. Und wenn wir die Vergebung Jesu erfahren, sind wir im Frieden, mit jenem so schönen Frieden der Seele, den nur Jesus schenken kann, nur er. Mit der Zeit ist die Feier dieses Sakraments von einer öffentlichen – denn am Anfang wurde sie öffentlich vollzogen – zur persönlichen Form übergegangen, zur vertraulichen Form der Beichte. Dadurch darf jedoch nicht der kirchliche Ursprung verlorengehen, der den lebensspendenden Kontext bildet.

Generalaudienz am 19. Februar 2014

Mittwoch

25 MÄRZ

VERKÜNDIGUNG DES HERRN
Jutta von Bernried, Ancilla, Annuntiata

WEG DER UMKEHR

Es genügt also nicht, den Herrn im eigenen Verstand und im eigenen Herzen um Vergebung zu bitten, sondern es ist notwendig, die eigenen Sünden demütig und vertrauensvoll dem Diener der Kirche zu beichten. In der Feier dieses Sakraments vertritt der Priester nicht nur Gott, sondern die ganze Gemeinschaft, die sich in der Schwäche eines jeden ihrer Glieder selbst wiedererkennt, die tief bewegt seine Reue vernimmt, die sich mit ihm versöhnt, die ihn ermutigt und ihn auf dem Weg der Umkehr und der menschlichen und christlichen Reife begleitet.

Generalaudienz am 19. Februar 2014

Donnerstag

MÄRZ 26 Liudger von Münster (Ludger), Larissa (Lara)

LIEBE UND ZÄRTLICHKEIT

Jemand könnte sagen: Ich beichte nur bei Gott. Ja, du kannst zu Gott sagen: „Vergib mir", und deine Sünden bekennen, aber unsere Sünden richten sich auch gegen die Brüder, gegen die Kirche. Daher ist es notwendig, die Kirche, die Brüder in der Person des Priesters um Vergebung zu bitten. „Aber Vater, ich schäme mich…" Auch die Scham ist gut, es ist gesund, etwas Scham zu empfinden, denn sich schämen ist heilsam. Wenn ein Mensch keine Scham empfindet, dann sagen wir in meinem Land, dass er ein „schamloser" Mensch ist: ein Mensch „sin vergu-enza". Aber auch die Scham tut wohl, denn sie macht uns demütiger, und der Priester nimmt mit Liebe und mit Zärtlichkeit diese Beichte entgegen und vergibt im Namen Gottes.

Generalaudienz am 19. Februar 2014

Freitag

Haimo von Halberstadt, Ensfried von Köln **27** MÄRZ

DAS HERZ AUSSCHÜTTEN

Auch vom menschlichen Gesichtspunkt her, um sein Herz auszuschütten, ist es gut, mit dem Bruder zu sprechen und dem Priester diese Dinge zu sagen, die mein Herz so schwer machen. Und man spürt, dass man sein Herz vor Gott ausschüttet, mit der Kirche, mit dem Bruder. Habt keine Angst vor der Beichte!

Generalaudienz am 19. Februar 2014

Samstag

MÄRZ 28 Guntram, Gundelinde, Ingbert Naab

VON GOTT UMARMT

Das Sakrament der Versöhnung feiern bedeutet, in eine liebevolle Umarmung hineingenommen zu sein: Es ist die Umarmung der unendlichen Barmherzigkeit des Vaters. Erinnern wir uns an das schöne, schöne Gleichnis vom Sohn, der sein Zuhause verlassen hat mit dem Geld aus dem Erbe; er hat das ganze Geld verprasst, und dann, als er nichts mehr hatte, hat er beschlossen, nach Hause zurückzukehren – nicht als Sohn, sondern als Knecht. Er hatte so viel Schuld in seinem Herzen und so viel Scham. Die Überraschung war: Als er anfing zu sprechen, um Vergebung zu bitten, ließ der Vater ihn nicht zu Wort kommen, umarmte ihn, küsste ihn und feierte ein Fest. Ich aber sage euch: Jedes Mal, wenn wir beichten, umarmt Gott uns.

Generalaudienz am 19. Februar 2014

FREUND UND BRUDER

Wir haben unsere Palmen geschwenkt. Auch wir haben Jesus empfangen; auch wir haben die Freude zum Ausdruck gebracht, ihn zu begleiten, ihn nahe zu wissen, in uns und unter uns gegenwärtig als ein Freund, als ein Bruder, auch als König, das heißt als leuchtender Bezugspunkt unseres Lebens. Jesus ist Gott, doch er hat sich erniedrigt, unseren Weg mitzugehen. Er ist unser Freund, unser Bruder. Hier gibt er uns Licht auf unserem Weg. Und so haben wir ihn empfangen. Und dies ist das erste Wort, das ich euch sagen möchte: Freude! Seid niemals traurige Menschen: ein Christ darf das niemals sein! Lasst euch niemals von Mutlosigkeit überwältigen!

Predigt am Palmsonntag, 24. März 2013

Montag

MÄRZ 30 Leonardo Murialdo

DAS HANDELN GOTTES

Die Karwoche zu leben bedeutet, immer mehr in die Logik Gottes einzutreten, in die Logik des Kreuzes, die nicht in erster Linie die Logik des Schmerzes und des Todes ist, sondern die Logik der Liebe und der Selbsthingabe, die Leben bringt. Es bedeutet, in die Logik des Evangeliums einzutreten. Christus nachzufolgen, ihn zu begleiten, bei ihm zu bleiben erfordert ein „Herausgehen", herauszugehen. Aus sich selbst herauszugehen, aus einer müden und von Gewohnheit geprägten Weise, den Glauben zu leben, aus der Versuchung, sich in den eigenen Vorstellungen zu verschließen, die am Ende den Horizont des schöpferischen Handelns Gottes verschließen.

Generalaudienz am 27. März 2013

Kornelia, Klemens Fuhl, Benjamin von Persien

HERAUSGEHEN

Gott ist aus sich selbst herausgegangen, um zu uns zu kommen, er hat sein Zelt unter uns aufgeschlagen, um uns seine Barmherzigkeit zu bringen, die rettet und Hoffnung schenkt. Auch wir, wenn wir ihm nachfolgen und bei ihm bleiben wollen, dürfen uns nicht damit begnügen, im Stall bei den 99 Schafen zu bleiben, sondern müssen „herausgehen", mit ihm nach dem verlorenen Schaf suchen, das am weitesten entfernt ist. Merkt euch gut: aus uns herausgehen, wie Jesus, wie Gott aus sich selbst herausgegangen ist in Jesus und Jesus aus sich selbst herausgegangen ist für uns alle.

Generalaudienz am 27. März 2013

Mittwoch

APRIL 01

Irene von Thessaloniki, Hugo von Grenoble, Cäsarius von Speyer

FREUDE DES GLAUBENS

Gott denkt immer mit Barmherzigkeit: Er ist der barmherzige Vater! Gott denkt wie der Vater, der auf die Rückkehr seines Sohnes wartet und ihm entgegengeht, ihn schon von weitem kommen sieht [...] Die Karwoche ist eine Zeit der Gnade, die der Herr uns schenkt, um die Türen unseres Herzens, unseres Lebens, unserer Pfarreien – wie schmerzlich, so viele geschlossene Pfarreien! –, der Bewegungen, der Verbände zu öffnen und „herauszugehen", den anderen entgegen, zu ihnen zu gehen, um das Licht und die Freude unseres Glaubens zu bringen. Immer herausgehen!

Generalaudienz am 27. März 2013

ÖL DER FREUDE

Im Heute des Gründonnerstags, an dem Christus uns bis zur Vollendung geliebt hat (vgl. Joh 13,1), gedenken wir des frohen Tags der Einsetzung des Priestertums und des Tags unserer Priesterweihe. Der Herr hat uns in Christus mit dem Öl der Freude gesalbt, und diese Salbung lädt uns ein, dieses große Geschenk – den Frohsinn, die priesterliche Freude – zu empfangen und sie uns zu Eigen zu machen. Der Frohsinn des Priesters ist ein kostbares Gut nicht allein für ihn, sondern für das ganze gläubige Volk Gottes: jenes gläubige Volk, aus dessen Mitte der Priester berufen wird, um gesalbt zu werden, und zu dem er gesandt ist, um zu salben.

Chrisam-Messe am17. April 2014

Freitag

APRIL **03**

KARFREITAG
Luigi Scrosoppi (Aloisius),
Richard von Chichester, Elisabeth Koch

DER GLAUBE IST GANZ

Der Glaube an Jesus Christus ist kein Scherz, er ist eine sehr ernsthafte Sache. Es ist Anstoß erregend, dass Gott gekommen ist, um einer von uns zu werden. Es ist ein Skandal, dass er am Kreuz gestorben ist. Es ist ein Skandal: der Skandal des Kreuzes. Das Kreuz erregt weiterhin Anstoß. Aber es ist der einzige sichere Weg: der Weg des Kreuzes, der Weg Jesu, der Weg der Menschwerdung Jesu. Bitte „mixt" den Glauben an Jesus Christus nicht. Es gibt den Orangensaft-Mix, es gibt den Apfelsaft-Mix, es gibt den Bananensaft-Mix, aber bitte trinkt keinen „Glaubens-Mix". Der Glaube ist ganz, man vermischt ihn nicht. Es ist der Glaube an Jesus.

Begegnung mit jungen Argentiniern zum XXVIII. Weltjugendtag am 25. Juli 2013

Isidor von Sevilla, Konrad von Weißenau,
Benedikt von San Fratello

GOTT LIEBT UND RETTET

Das Kreuz Jesu ist das Wort, mit dem Gott auf das Böse der Welt geantwortet hat. Manchmal scheint es uns, als antworte Gott nicht auf das Böse, als verharre er im Schweigen. In Wirklichkeit hat Gott gesprochen, er hat geantwortet, und seine Antwort ist das Kreuz Christi: ein Wort, das Liebe, Barmherzigkeit und Vergebung ist. Es ist auch Gericht: Gott richtet uns, indem er uns liebt. Wenn ich seine Liebe annehme, bin ich gerettet, wenn ich sie ablehne, bin ich verurteilt, nicht von ihm, sondern von mir selbst, denn Gott verurteilt nicht, er liebt nur und rettet.

Ansprache zum Kreuzweg am Kolosseum am Palatin am 29. März 2013

Sonntag

APRIL **05** OSTERSONNTAG
Vinzenz Ferrer, Juliana von Lüttich

BARMHERZIGKEIT UND LIEBE

Welch eine große Freude für mich, euch diese Botschaft zu verkünden: Christus ist auferstanden! Ich möchte, dass sie in jedes Haus, in jede Familie gelange und besonders dorthin, wo mehr Leid herrscht, in die Krankenhäuser, in die Gefängnisse… Vor allem möchte ich, dass sie in alle Herzen gelange, denn dort will Gott diese Frohe Botschaft hineinsäen: Jesus ist auferstanden; es gibt die Hoffnung für dich, du bist nicht mehr unter der Herrschaft der Sünde, des Bösen! Gesiegt hat die Liebe, gesiegt hat die Barmherzigkeit! Immer siegt die Barmherzigkeit Gottes!

Botschaft vor dem Segen „Urbi et Orbi" am 31. März 2013

Montag

OSTERMONTAG
Petrus der Märtyrer, Notker,
Wilhelm von Aebelholt

06 APRIL

GOTT WARTET AUF UNS

Denken wir an die beiden Emmausjünger: Mit traurigem Gesicht gehen sie so vor sich hin, ohne Hoffnung. Aber Jesus verlässt sie nicht: Er geht mit ihnen, und nicht nur das! Geduldig erklärt er ihnen, was in der Schrift über ihn geschrieben steht, und bleibt, um mit ihnen Mahl zu halten. Das ist der Stil Gottes: Er ist nicht ungeduldig wie wir, die wir oft alles und sofort wollen, auch von den Menschen. Gott hat Geduld mit uns, denn er liebt uns, und wer liebt, der versteht, hofft, schenkt Vertrauen, gibt nicht auf, bricht die Brücken nicht ab, weiß zu verzeihen.

Predigt zur Eucharistiefeier zur feierlichen Inbesitznahme der Kathedra des Bischofs von Rom am 7. April 2013

Dienstag

APRIL 07 Johann Baptist de la Salle, Burchard von Halberstadt

GLAUBE AN DIE AUFERSTEHUNG

Ich möchte noch einmal auf die Auferstehung der Toten zu sprechen kommen, eine nicht einfache Glaubenswahrheit, die aber ganz eng mit der Auferstehung Jesu verbunden ist. In der Heiligen Schrift sehen wir eine allmähliche Offenbarung dieser Wahrheit. Die Hoffnung auf die leibliche Auferstehung der Toten folgt aus dem Glauben an Gott, den Schöpfer, der den ganzen Menschen, Seele und Leib, erschaffen hat, und an Gott, der befreit, gerecht ist und an dem Bund mit seinem Volk treu festhält. Jesus führt diese Offenbarung zur Vollendung und bindet den Glauben an die Auferstehung an seine Person: „Ich bin die Auferstehung und das Leben" (Joh 11,25).

Generalaudienz am 5. Dezember 2013

KRAFT DER AUFERSTEHUNG

Christus wird jene auferwecken, die an ihn geglaubt haben, und schenkt seinen Jüngern den Heiligen Geist als Angeld der vollen Gemeinschaft in seinem Reich. Was heißt nun „auferstehen"? Im Tod werden Leib und Seele getrennt. Der Leib vergeht, während die Seele Gott entgegen schreitet. In seiner Allmacht wird Gott am Jüngsten Tag dem Leib das unvergängliche Leben geben, indem er ihn kraft der Auferstehung Jesu wieder mit der Seele vereint.

Generalaudienz am 5. Dezember 2013

WIR GEHÖREN CHRISTUS

Wie Jesus mit seinem Leib auferstanden ist, werden auch wir mit verherrlichten Leibern auferstehen. Das Wie übersteigt aber unser Verstehen und ist uns nur im Glauben zugänglich. Und schließlich haben wir schon jetzt Anteil an der Auferstehung des Herrn. Wir sind auf Christi Tod und Auferstehung getauft, werden in der Eucharistie mit seinem Leib genährt und nehmen am neuen Leben teil. Wir gehören Christus an, und so sollen wir unseren Leib in Ehren halten, aber auch den Leib anderer, besonders den der Leidenden.

Generalaudienz am 5. Dezember 2013

Freitag

Magdalena Gabriela von Canossa,
Engelbert von Admont

10 APRIL

DAS GEHEIMNIS DES TODES

Die Auferstehung Jesu schenkt nicht nur die Gewissheit des Lebens nach dem Tod, sondern sie erleuchtet auch das Geheimnis des Todes eines jeden von uns. Wenn wir mit Christus vereint leben, ihm treu, werden wir in der Lage sein, auch dem Übergang des Todes mit Hoffnung und Frieden zu begegnen. Die Kirche betet nämlich: „Bedrückt uns auch das Los des sicheren Todes, so tröstet uns doch die Verheißung der künftigen Unsterblichkeit." Das ist ein schönes Gebet der Kirche! Ein Mensch stirbt gewöhnlich so, wie er gelebt hat.

Generalaudienz am 27. November 2013

Samstag

APRIL 11 Stanislaus von Krakau, Reiner von Osnabrück

DIENEN DEM HERRN

Der Heilige Geist aber fordert uns auf, keine Angst zu haben, vertrauensvoll weiter voranzugehen und uns nicht zufrieden zu geben mit dem Fortschritt, den wir in den letzten Jahrzehnten erleben durften. Das Gebet ist auf diesem Weg von grundlegender Bedeutung. Nur im Geist des demütigen und unaufhörlichen Gebets werden wir in der Lage sein, die notwendige Weitsicht, Unterscheidungsgabe und Motivation aufzubringen, um der Menschheitsfamilie in all ihren – sowohl geistlichen als auch materiellen – Mühen und Nöten zu dienen.

Ansprache an die Delegation des Ökumenischen Rats der Kirchen am 7. März 2014

NÄHE IM GEBET

Vor diesem Horizont versteht man die Aufforderung Christi, stets bereit, wachsam zu sein, im Wissen, dass das Leben in dieser Welt uns auch gegeben ist, um das kommende Leben vorzubereiten, das Leben mit dem himmlischen Vater. Und dafür gibt es einen sicheren Weg: sich gut auf den Tod vorzubereiten, indem man Jesus nahe ist. Das ist die Gewissheit: Ich bereite mich auf den Tod vor, indem ich Jesus nahe bin. Und wie ist man Jesus nahe? Mit dem Gebet, in den Sakramenten und auch in der Übung der Nächstenliebe.

Generalaudienz am 7. November 2013

Montag

APRIL **13** Martin I., Ida von Boulogne, Paulus der Diakon

LAMM GOTTES

„Seht, das Lamm Gottes, das die Sünde der Welt hinwegnimmt!" (Joh 1,29). Das Verb, das mit „hinwegnimmt" übersetzt wird, bedeutet wörtlich „aufheben", „auf sich nehmen". Jesus ist mit einer konkreten Sendung in die Welt gekommen: sie von der Knechtschaft der Sünde zu befreien, indem er die Schuld der Menschheit auf sich lädt. Wie? Indem er liebt. Es gibt keine andere Weise, um das Böse und die Sünde zu besiegen außer durch die Liebe, die zur Hingabe des eigenen Lebens für die anderen drängt.

Angelusgebet am 19. Januar 2014

ERTRAGEN UND FÜGSAM SEIN

Im Neuen Testament kommt das Wort „Lamm" mehrfach und immer in Bezug auf Jesus vor. Dieses Bild des Lammes könnte einen verwundern; tatsächlich lädt sich ein Tier, das sich sicherlich nicht durch Kraft und Stärke auszeichnet, eine derart erdrückende Last auf seine Schultern. Die enorme Masse des Bösen wird hinweggenommen und von einem schwachen und gebrechlichen Geschöpf hinweggetragen, Symbol des Gehorsams, der Fügsamkeit und der wehrlosen Liebe, die bis zum Opfer seiner selbst reicht. Das Lamm ist kein Herrscher, sondern fügsam; es ist nicht aggressiv, sondern friedfertig. Und so ist Jesus!

Angelusgebet am 19. Januar 2014

Mittwoch

APRIL 15 Nidger von Augsburg, Waltmann von Antwerpen

NACHFOLGE IN DEMUT

So ist Jesus, wie ein Lamm. Was bedeutet es für die Kirche, für uns heute, Jünger Jesu, des Lammes Gottes, zu sein? Es bedeutet, an Stelle von Listigkeit die Unschuld, an Stelle von Gewalt die Liebe, an Stelle von Hochmut die Demut, an Stelle von Prestige den Dienst zu setzen. Das ist eine gute Arbeit! Wir Christen müssen das tun: an die Stelle von Listigkeit die Unschuld, an die Stelle von Gewalt die Liebe, an die Stelle von Hochmut die Demut, an die Stelle von Prestige den Dienst setzen. Jünger des Lammes zu sein heißt, nicht wie eine „belagerte Burg" zu leben, sondern wie eine Stadt auf dem Berg, die offen, aufnahmebereit, solidarisch ist.

Angelusgebet am 19. Januar 2014

AUF DEM WEG ZU CHRISTUS

Wo nimmt der Weg des heiligen Franziskus zu Christus seinen Anfang? Beim Blick des gekreuzigten Jesus. Sich von ihm anschauen lassen in dem Moment, in dem er sein Leben für uns hingibt und uns zu sich zieht. Franziskus hat diese Erfahrung in besonderer Weise in der kleinen Kirche von San Damiano gemacht, als er vor dem Kruzifix betete, das auch ich heute noch verehren werde. Auf diesem Kreuz erscheint Jesus nicht tot, sondern lebend! Das Blut fließt aus den Wunden der Hände, der Füße und der Seite herab, doch dieses Blut drückt Leben aus. Jesus hat die Augen nicht geschlossen, sondern geöffnet, weit offen: ein Blick, der zum Herzen spricht.

Predigt in Assisi am 4. Oktober 2013

Freitag

APRIL 17 Max Joseph Metzger, Eberhard von Wolfegg

NEU ERSCHAFFEN

Und der Gekreuzigte spricht uns nicht von Niederlage, von Scheitern. Paradoxerweise spricht er uns von einem Tod, der Leben ist, der Leben hervorbringt, denn er spricht uns von Liebe, weil er die Mensch gewordene Liebe Gottes ist. Und die Liebe stirbt nicht, nein, sie besiegt das Böse und den Tod. Wer sich vom gekreuzigten Jesus anschauen lässt, wird gleichsam neu erschaffen, wird eine „neue Schöpfung". Das ist der Ausgangspunkt von allem: Es ist die Erfahrung der verwandelnden Gnade, unverdient geliebt zu sein, obwohl man Sünder ist.

Predigt in Assisi am 4. Oktober 2013

Samstag

18 APRIL

Wigbert von Augsburg, Aya von Mons

GÜTE IM HERZEN

Der franziskanische Friede ist keine Gefühlsduselei. Bitte, diesen heiligen Franziskus gibt es nicht! Und er ist auch nicht eine Art pantheistischer Harmonie mit den Energien des Kosmos… Auch das ist nicht franziskanisch. Auch das ist nicht franziskanisch, sondern eine Idee, die einige entwickelt haben! Der Friede des heiligen Franziskus ist der Friede Christi, und diesen Frieden findet, wer Christi „Joch auf sich nimmt", nämlich sein Gebot: Liebt einander, so wie ich euch geliebt habe (vgl. Joh 13,34; 15,12). Und dieses Joch kann man nicht mit Arroganz, mit Überheblichkeit, mit Hochmut tragen, sondern nur mit Gütigkeit und Herzensdemut kann man es tragen.

Predigt in Assisi am 4. Oktober 2013

Sonntag

APRIL **19** 3. SO. D. OSTERZEIT
Marcel Callo, Leo IX.,
Gerold von Großwalsertal

HARMONIE UND FRIEDEN

Der Heilige von Assisi bezeugt die Achtung gegenüber allem, was Gott erschaffen hat – und wie Er es erschaffen hat –, ohne mit der Schöpfung zu experimentieren, um sie zu zerstören: ihr helfen, sich zu entwickeln und immer schöner zu werden, immer mehr dem zu entsprechen, wie Gott sie geschaffen hat. Und vor allem bezeugt der heilige Franziskus die umfassende Achtung gegenüber dem Menschen, dass der Mensch berufen ist, den Menschen zu schützen, dass der Mensch im Zentrum der Schöpfung steht, an dem Ort, wo Gott, der Schöpfer, ihn wollte, und nicht Werkzeug der Götzen sei, die wir selber schaffen! Harmonie und Frieden: Franziskus war ein Mensch der Harmonie und des Friedens.

Predigt in Assisi am 4. Oktober 2013

Montag

Hildegunde von Schönau, Odette,
Wilhelm der Pilger

20 APRIL

WIR SIND VOR JESUS ALLE GLEICH

Ich teile mit euch die Freude, Jesus als Lehrmeister zu haben, als Vorbild für das Leben. Schauen wir auf ihn! Das gibt uns viel Kraft, viel Trost in unseren Schwächen, in unseren Nöten und in unseren Schwierigkeiten. Wir alle haben Schwierigkeiten, alle. Alle, die wir hier sind, haben wir Schwierigkeiten. Alle, die wir hier sind – alle – haben wir Nöte, und alle, die wir hier sind, haben wir Schwächen. Keiner hier ist besser als der andere. Vor dem Vater sind wir alle gleich, alle!

Ansprache während der Begegnung mit Strafgefangenen und armen Menschen beim Pastoralbesuch in Cagliari am 22. September 2013

Dienstag

APRIL **21** Konrad von Parzham, Anselm von Canterbury

WEG DER LIEBE

Wenn wir auf Jesus schauen, dann sehen wir, dass er den Weg der Demut und des Dienstes gewählt hat. Ja, er selbst in seiner Person ist dieser Weg. Jesus war nicht unentschlossen, ihm waren die Dinge nicht gleichgültig: Er hat einen Entschluss gefasst, und er hat ihn bis zum Äußersten durchgeführt. Er hat sich entschlossen, Mensch zu werden und als Mensch ein Dienender zu sein, bis hin zum Tod am Kreuz. Das ist der Weg der Liebe: Es gibt keinen anderen.

Ansprache während der Begegnung mit Strafgefangenen und armen Menschen beim Pastoralbesuch in Cagliari am 22. September 2013

LIEBEVOLL VERSCHENKEN

Die Liebe ist unentgeltlich. Die Nächstenliebe, die Liebe ist eine Lebensentscheidung, eine Form des Daseins, des Lebens; sie ist der Weg der Demut und der Solidarität. Es gibt keinen anderen Weg für diese Liebe, als demütig und solidarisch zu sein. Das Wort „Solidarität" in dieser Wegwerfkultur – was man nicht braucht, wirft man weg, nur um sich gerecht zu fühlen, sich rein zu fühlen, sich sauber zu fühlen. Die Ärmsten! Das Wort „Solidarität" droht aus dem Wörterbuch gestrichen zu werden, denn es ist ein Wort, das stört. Es stört. Warum? Weil es dich zwingt, den anderen anzuschauen und dich dem anderen liebevoll hinzuschenken.

Ansprache während der Begegnung mit Strafgefangenen und armen Menschen beim Pastoralbesuch in Cagliari am 22. September 2013

Donnerstag

APRIL 23

Adalbert von Prag, Georg der Märtyrer, Gerhard von Toul

DIE LIEBE BEWAHREN

Jesus ist nicht in die Welt gekommen, um eine Parade zu veranstalten, um sich zu zeigen. Er ist nicht dafür gekommen. Jesus ist der Weg, und ein Weg ist dazu da, ihn zu gehen, auf ihm unterwegs zu sein. [...] Vertrauen wir weiter auf ihn, er wird eurem Herzen Hoffnung und Freude schenken! Ich möchte ihm danken für euch alle. [...] Ich möchte euch ermutigen, diesen Weg fortzusetzen, gemeinsam voranzugehen und danach zu streben, vor allem die Liebe untereinander zu bewahren.

Ansprache während der Begegnung mit Strafgefangenen und armen Menschen beim Pastoralbesuch in Cagliari am 22. September 2013

Freitag

Fidelis von Sigmaringen, Wilfrid von York,
Egbert von Irland

24 APRIL

WERKE DER LIEBE GOTTES

Das ist sehr wichtig. Wir können Jesus nicht auf dem Weg der Nächstenliebe nachfolgen, wenn wir nicht vor allem einander lieben und uns nicht darum bemühen zusammenzuarbeiten, einander zu verstehen und einander zu vergeben, indem wir alle die eigenen Grenzen und die eigenen Fehler erkennen. Wir müssen Werke der Barmherzigkeit tun, aber mit Barmherzigkeit! Unser Herz muss dort sein. Die Werke der Nächstenliebe mit Liebe, mit Zärtlichkeit, und immer mit Demut!

Ansprache während der Begegnung mit Strafgefangenen und armen Menschen beim Pastoralbesuch in Cagliari am 22. September 2013

Samstag

APRIL 25

Evangelist Markus, Ermin (Erwin) von Lobbes, Franka Vitalta, Hermann I.

TAUFE IST GEBURT

Fragen wir uns: Wie sehe ich die Kirche? Wenn ich meinen Eltern dankbar bin, weil sie mir das Leben geschenkt haben, bin ich auch der Kirche dankbar, weil sie mich durch die Taufe im Glauben geboren hat? Wie viele Christen erinnern sich an das Datum ihrer eigenen Taufe? Ich möchte euch hier diese Frage stellen, aber jeder soll in seinem Herzen antworten: Wie viele von euch erinnern sich an das Datum der eigenen Taufe? [...] Aber wie viele erinnern sich nicht daran! Aber das Datum der Taufe ist das Datum unserer Geburt in der Kirche, das Datum, an dem unsere Mutter Kirche uns zur Welt gebracht hat!

Generalaudienz am 11. September 2013

GESCHENKTE KRAFT

Lass also zu, dass der auferstandene Jesus in dein Leben eintritt, nimm ihn auf als Freund, mit Vertrauen: Er ist das Leben! Wenn du bis jetzt fern von ihm warst, tu einen kleinen Schritt: Er wird dich mit offenen Armen empfangen. Wenn du gleichgültig bist, akzeptiere das Risiko: Du wirst nicht enttäuscht sein. Wenn es dir schwierig erscheint, ihm zu folgen, hab' keine Angst, vertrau' dich ihm an, sei sicher, dass er dir nahe ist, er ist auf deiner Seite und wird dir den Frieden geben, den du suchst, und die Kraft, so zu leben, wie er will.

Predigt in der Feier der Osternacht am 30. März 2013

Montag

APRIL 27 Petrus Kanisius, Zita, Floribert von Lüttich

GESCHÖPF CHRISTI

Angesichts des Kreuzes Jesu sehen wir und greifen dabei gleichsam mit Händen, wie sehr wir von Ewigkeit her geliebt sind. Angesichts des Kreuzes fühlen wir uns als „Kinder" und nicht als „Dinge" oder „Gegenstände", wie der heilige Gregor von Nazianz sagte, als er sich mit diesem Gebet an Christus wandte: „Wenn Du nicht wärst, mein Christus, würde ich mich als endliches Geschöpf fühlen. Ich bin geboren worden und ich spüre, wie ich vergehe. Ich esse, ich schlafe, ich ruhe mich aus und gehe, ich werde krank und genese."

Ansprache beim Kreuzweg am Kolosseum zu Karfreitag, am 18. April 2014

WIR SIND IHM WICHTIG

Gott wartet gerade auf dich, er verlangt von dir nur den Mut, zu ihm zu gehen. Wie oft habe ich in meinem seelsorglichen Dienst die Worte gehört: „Pater, ich habe viele Sünden"; und meine Einladung war immer: „Keine Angst, geh zu ihm, er erwartet dich, er wird alles tun." Wie viele weltliche Angebote hören wir in unserer Umgebung, aber lassen wir uns vom Angebot Gottes ergreifen – es ist eine herzliche Liebkosung. Für Gott sind wir keine Nummern, wir sind ihm wichtig, ja, wir sind das Wichtigste, das er hat; auch wenn wir Sünder sind, sind wir das, was ihm am meisten am Herzen liegt.

Predigt zur Eucharistiefeier der Inbesitznahme der Kathedra des Bischofs von Rom am 7. April 2013

Mittwoch

APRIL 29 Katharina von Siena, Roswitha von Liesborn, Dietrich von Thoreida

GETRÖSTET UND GELIEBT

In meinem persönlichen Leben habe ich viele Male das barmherzige Antlitz Gottes, seine Geduld gesehen. Bei vielen Menschen habe ich auch den Mut beobachtet, in die Wunden Jesu hineinzufassen und ihm zu sagen: Herr, da bin ich, nimm meine Armut an, verbirg meine Sünde in deinen Wunden, wasche sie rein mit deinem Blut. Und ich habe immer gesehen, dass Gott es getan hat, dass er aufgenommen, getröstet, gewaschen, geliebt hat.

Predigt zur Eucharistiefeier der Inbesitznahme der Kathedra des Bischofs von Rom 7. April 2013

Donnerstag

Pius V., Bernhard II., Pauline von Mallinckrodt, Rosamunde von Vernon

30 APRIL

DIE ZÄRTLICHKEIT SPÜREN

Lassen wir uns von der Barmherzigkeit Gottes einhüllen; vertrauen wir auf seine Geduld, die uns immer Zeit lässt; haben wir den Mut, in sein Haus zurückzukehren, in den Wunden seiner Liebe zu wohnen und uns von ihm lieben zu lassen, seiner Barmherzigkeit in den Sakramenten zu begegnen. Wir werden seine so schöne Zärtlichkeit spüren, wir werden seine Umarmung spüren und auch selber fähiger sein zu Barmherzigkeit, Geduld, Vergebung und Liebe.

Predigt zur Eucharistiefeier der Inbesitznahme der Kathedra des Bischofs von Rom 7. April 2013

Freitag

MAI 01

MAIFEIERTAG, A: STAATSFEIERTAG
Josef der Arbeiter

ARBEIT IN WÜRDE

Die Arbeit gehört zum Plan der Liebe Gottes; wir sind aufgerufen, alle Güter der Schöpfung zu pflegen und zu hüten, und auf diese Weise nehmen wir teil am Werk der Schöpfung! Die Arbeit ist ein wesentliches Element für die Würde einer Person. Die Arbeit, um ein Bild zu gebrauchen, »salbt« uns mit Würde, erfüllt uns mit Würde; sie macht uns Gott ähnlich, der gewirkt hat und wirkt, der immer am Werk ist (vgl. Joh 5,17); sie verleiht die Fähigkeit, für den eigenen Unterhalt und den seiner Familie zu sorgen, zum Wachstum der eigenen Nation beizutragen.

Generalaudienz am 1. Mai 2013

DER WILLE GOTTES

Das Evangelium zeigt die Grundhaltung, mit der Maria ihre Liebe zu Jesus zum Ausdruck gebracht hat: den Willen Gottes tun. „Denn wer den Willen meines himmlischen Vaters erfüllt, der ist für mich Bruder und Schwester und Mutter" (Mt 12,50). Mit diesen Worten hinterlässt Jesus eine wichtige Botschaft: der Wille Gottes ist das oberste Gesetz, das die wahre Zugehörigkeit zu ihm festlegt. Deshalb knüpft Maria ein Band der Verwandtschaft mit Jesus, noch bevor sie ihn zur Welt bringt: sie wird Jüngerin und Mutter ihres Sohnes in dem Augenblick, in dem sie die Worte des Engels annimmt und sagt: „Ich bin die Magd des Herrn; mir geschehe, wie du es gesagt hast" (Lk 1,38).

Meditation zur Vesperfeier mit den Kamaldulenserinnen am 21. November 2013

Sonntag

MAI **03**

5. SO. D. OSTERZEIT
Philippus und Jakobus der Jüngere, Alexander I., Zdislava

MUTTER DER HOFFNUNG

Dieses „mir geschehe" ist nicht nur Annahme, sondern auch vertrauensvolle Öffnung für die Zukunft. Dieses „mir geschehe" ist Hoffnung! Maria ist die Mutter der Hoffnung, das ausdrucksvollste Bild der christlichen Hoffnung. Ihr ganzes Leben ist eine Gesamtheit aus Gesten der Hoffnung, angefangen vom „Ja" der Verkündigung. Maria wusste nicht, wie sie Mutter werden sollte, aber sie vertraute sich vollkommen dem Geheimnis an, das sich erfüllen sollte, und wurde so die Frau der Erwartung und der Hoffnung.

Meditation zur Vesperfeier mit den Kamaldulenserinnen am 21. November 2013

Montag

Florian, Valeria, Guido von Pomposa

04 MAI

GEBET

Heilige und unbefleckt empfangene Jungfrau,
du Ehre unseres Volkes
und aufmerksame Hüterin unserer Stadt,
an dich wenden wir uns voll Vertrauen und Liebe.

Alles an dir ist schön, o Maria!
Kein Makel der Sünde haftet dir an.

Gebet an die unbefleckt empfangene Jungfrau an der Mariensäule auf dem Spanischen Platz anlässlich des Hochfests der ohne Erbsünde empfangenen Jungfrau und Gottesmutter Maria am 8. Dezember 2013

Dienstag

MAI 05 Godehard von Hildesheim, Jutta von Sangerhausen

BITTE UM HEILIGKEIT

Erwecke in uns allen ein erneutes Verlangen nach Heiligkeit:
In unserem Wort möge der Glanz der Wahrheit erstrahlen,
in unseren Werken das Lied der Liebe erklingen,
in unserem Leib und in unserem Herzen Reinheit und Keuschheit wohnen,
in unserem Leben die ganze Schönheit des Evangeliums erscheinen.

Gebet an die unbefleckt empfangene Jungfrau an der Mariensäule auf dem Spanischen Platz anlässlich des Hochfests der ohne Erbsünde empfangenen Jungfrau und Gottesmutter Maria am 8. Dezember 2013

MARIA, MUTTER GOTTES

Gib, dass wir den Sinn unserer Erdenwanderung nicht verlieren:
Das freundliche Licht des Glaubens erleuchte unsere Tage,
die tröstende Kraft der Hoffnung lenke unsere Schritte,
die übertragbare Wärme der Liebe feuere unser Herz an,
unser aller Augen seien stets dorthin gerichtet, wo die wahre Freude ist – in Gott.

Gebet an die unbefleckt empfangene Jungfrau an der Mariensäule auf dem Spanischen Platz anlässlich des Hochfests der ohne Erbsünde empfangenen Jungfrau und Gottesmutter Maria am 8. Dezember 2013

Gisela von Ungarn, Helga von Niedernburg, Notker der Stammler

SCHÖNHEIT DER LIEBE

Alles an dir ist schön, o Maria!
Höre unser Gebet, erhöre unser Flehen:
Die Schönheit der barmherzigen Liebe Gottes in Jesus sei bei uns,
diese göttliche Schönheit – sie rette uns, unsere Stadt, die ganze Welt.

Gebet an die unbefleckt empfangene Jungfrau an der Mariensäule auf dem Spanischen Platz anlässlich des Hochfests der ohne Erbsünde empfangenen Jungfrau und Gottesmutter Maria am 8. Dezember 2013

Freitag

Desideratus von Burges (Désiré),
Friedrich von Hirsau, Ulrika Nisch, Klara Fey

08 MAI

WACHSAME ERWARTUNG

Frau der Hoffnung. Das sagt uns, dass die Hoffnung vom Hören, von der Betrachtung, von der Geduld genährt wird, um die Zeiten des Herrn heranreifen zu lassen. Auch bei der Hochzeit von Kana ist Maria die Mutter der Hoffnung, die sie mit Aufmerksamkeit und Fürsorglichkeit gegenüber den menschlichen Dingen erfüllt. Mit dem Beginn des öffentlichen Lebens wird Jesus der Meister und Messias: Die Muttergottes blickt mit Freude, aber auch mit Sorge auf die Sendung des Sohnes, weil Jesus immer mehr zu diesem Zeichen des Widerspruchs wird.

Meditation zur Vesperfeier mit den Kamaldulenserinnen am 21. November 2013

Samstag

MAI 09 Beatus, Ottokar III., Volkmar von Niederaltaich, Theresia Gerhardinger

DAS MORGEN GOTTES

Alles scheint wirklich zu Ende zu sein; alle Hoffnung könnte man für ausgelöscht halten. Auch sie hätte in jenem Augenblick in Erinnerung an die Verheißungen der Verkündigung sagen können: sie haben sich nicht erfüllt, ich bin getäuscht worden. Aber sie hat es nicht gesagt. Und doch sieht sie – die selig ist, weil sie geglaubt hat – aus ihrem Glauben die neue Zukunft erblühen und erwartet voller Hoffnung das Morgen Gottes. Manchmal denke ich: Verstehen wir auf das Morgen Gottes zu warten? Oder wollen wir das Heute?

Meditation zur Vesperfeier mit den Kamaldulenserinnen am 21. November 2013

MUTTER KIRCHE

Ich denke an euch, liebe Mütter: Wie viel betet ihr für eure Kinder, ohne müde zu werden! Setzt eure Gebete fort, vertraut eure Kinder weiterhin Gott an: Er hat ein großes Herz! Klopft an die Tür des Herzens Gottes mit dem Gebet für die Kinder. Und das tut auch die Kirche: Sie legt durch das Gebet alle Situationen ihrer Kinder in Gottes Hand. Vertrauen wir auf die Kraft des Gebetes der Mutter Kirche: Der Herr bleibt nicht ungerührt. Er weiß uns immer zu überraschen, wenn wir es nicht erwarten. Die Mutter Kirche weiß das!

Generalaudienz am 18. September 2013

Montag

MAI 11 Joachim Tabernitz, Gangolf

MARIA, UNSERE HOFFNUNG

Das Morgen Gottes ist für sie der Beginn des Ostermorgens, jenes ersten Tages der Woche. Es wird uns gut tun, in der Betrachtung an die Umarmung des Sohnes mit der Mutter zu denken. Das einzige Licht, das am Grab Jesu brannte, war die Hoffnung der Mutter, die in jenem Moment die Hoffnung der ganzen Menschheit ist. [...] Wir verdanken dieser Mutter sehr viel! In ihr, die in jedem Augenblick der Heilsgeschichte gegenwärtig war, sehen wir ein starkes Zeugnis der Hoffnung. Sie, die Mutter der Hoffnung, stützt uns in Momenten der Dunkelheit, der Schwierigkeiten, der Entmutigung, der scheinbaren Niederlage oder wahrer menschlicher Niederlagen.

Meditation zur Vesperfeier mit den Kamaldulenserinnen am 21. November 2013

DEN HERRN ANBETEN

Gott anzubeten [...] bedeutet zu lernen, wie wir bei ihm verweilen und innehalten können, um mit ihm zu sprechen und dabei zu spüren, dass seine Gegenwart die wahrste, beste und wichtigste aller ist. Jeder von uns hat in seinem Leben bewusst und vielleicht manchmal unbewusst eine ganz genaue Reihenfolge der Dinge, die er für mehr oder weniger wichtig hält. Den Herrn anzubeten bedeutet, ihm den Platz zu geben, der ihm gebührt. Den Herrn anzubeten bedeutet, zu sagen und zu glauben – aber nicht nur mit Worten –, dass er allein wirklich unser Leben lenkt.

Predigt in St. Paul vor den Mauern am 14. April 2013

ENTÄUSSERN WIR UNS

Die Anbetung des Herrn hat eine Konsequenz in unserem Leben: uns der vielen kleinen und großen Götzen zu entäußern, die wir haben und zu denen wir Zuflucht nehmen, in denen wir unsere Sicherheit suchen und diese häufig auf sie setzen. Es sind Götzen, die wir oft gut versteckt halten; es kann Ehrgeiz sein, Karrieremacherei, Freude am Erfolg, sich selbst ins Zentrum zu setzen, die Neigung, sich gegen andere durchzusetzen, die Anmaßung, die einzigen Herren unseres Lebens zu sein, irgendeine Sünde, an der wir hängen, und vieles andere.

Predigt in St. Paul vor den Mauern am 14. April 2013

HIMMELFAHRT DES HERRN

Wir haben diesen Fürsprecher [Jesus]: Wir dürfen keine Angst haben, zu ihm zu gehen und um Vergebung zu bitten, um Segen zu bitten, um Barmherzigkeit zu bitten! Er vergibt uns immer, er ist unser Fürsprecher: Er verteidigt uns immer! Vergesst das nicht! Die Himmelfahrt Jesu lässt uns also diese Wirklichkeit erkennen, die so tröstlich ist für unseren Weg: In Christus, dem wahren Gott und wahren Menschen, wurde unser Menschsein zu Gott getragen.

Ansprache zur Generalaudienz am 17. April 2013

Freitag

MAI 15 Sophia von Rom, Rupert von Bingen, Isidor

GEBET SCHENKT GNADE

Auch uns muss in unserem christlichen Leben klar sein, dass das Eingehen in die Herrlichkeit Gottes die tägliche Treue gegenüber seinem Willen erfordert, auch wenn dies Opfer verlangt, wenn es manchmal verlangt, unsere Pläne zu ändern. Die Himmelfahrt Jesu geschah konkret auf dem Ölberg, in der Nähe des Ortes, an den er sich vor dem Leiden zum Gebet zurückgezogen hatte, um tief mit dem Vater vereint zu bleiben: Wieder einmal sehen wir, dass das Gebet uns die Gnade schenkt, in Treue zum Plan Gottes zu leben.

Ansprache zur Generalaudienz am 17. April 2013

DIE LIEBE GOTTES

Die Himmelfahrt zeigt nicht die Abwesenheit Jesu an, sondern sie sagt uns, dass er auf neue Weise unter uns lebendig ist; er ist nicht mehr an einem bestimmten Ort der Welt wie vor der Himmelfahrt; jetzt ist er in der Herrschaft Gottes, in jedem Raum und in jeder Zeit gegenwärtig, einem jeden von uns nahe. In unserem Leben sind wir nie allein: Wir haben diesen Fürsprecher, der uns erwartet, der uns verteidigt. Wir sind nie allein: Der gekreuzigte und auferstandene Herr führt uns; bei uns sind viele Brüder und Schwestern.

Ansprache zur Generalaudienz am 17. April 2013

Sonntag

MAI 17

7. SO. D. OSTERZEIT
Walter von Mondsee, Bruno von Kärnten

IHM DAS LEBEN ANVERTRAUEN

Jesus hat uns den Übergang eröffnet; er ist gleichsam wie der Führer einer Seilschaft beim Bergsteigen: Er ist auf dem Gipfel angekommen, zieht uns zu sich und führt uns zu Gott. Wenn wir unser Leben ihm anvertrauen, wenn wir uns von ihm führen lassen, dann sind wir gewiss, in sicheren Händen zu sein, in der Hand unseres Retters, unseres Fürsprechers.

Ansprache zur Generalaudienz am 17. April 2013

DER FÜRSPRECHER FÜR UNS

Jesus ist der einzige und ewige Priester, der in seinem Leiden durch Tod und Grab hindurchgegangen und der auferstanden und zum Himmel aufgefahren ist; er ist bei Gott, dem Vater, wo er für immer für uns Fürsprache hält (vgl. Hebr 9,24). Wie der hl. Johannes in seinem Ersten Brief sagt, ist er unser Fürsprecher: Wie schön, das zu hören! Wenn jemand vor den Richter gerufen wird oder einen Prozess anstrengt, dann sucht er sich als Erstes einen Fürsprecher, einen Anwalt, der ihn verteidigt. Wir haben einen Fürsprecher, der uns immer verteidigt, der uns gegen die List des Teufels verteidigt, der uns gegen uns selbst, gegen unsere Sünden verteidigt!

Ansprache zur Generalaudienz am 17. April 2013

Dienstag

MAI 19 Kuno von Regensburg (Konrad), Yves Hélory (Ivo), Maria Bernarda Büttler

AUF DEM WEG DES GLAUBENS

Maria ist von jeher im Herzen, in der Frömmigkeit und vor allem im Glaubensweg des christlichen Volkes gegenwärtig. „Die Kirche schreitet in der Zeit voran ... aber auf dieser Pilgerschaft ... geht sie denselben Weg, den auch die Jungfrau Maria zurückgelegt hat." Unser Glaubensweg ist der gleiche wie der von Maria, darum spüren wir, dass sie uns besonders nahe ist! In Bezug auf den Glauben, den Angelpunkt des christlichen Lebens, hat die Gottesmutter unsere Lage geteilt, hat sie dieselben, manchmal schwierigen und dunklen Wege gehen müssen wie wir, hat sie voranschreiten müssen auf dem „Pilgerweg des Glaubens".

Predigt am Hochfest der Gottesmutter Maria am 1. Januar 2014

Mittwoch

Bernhardin von Siena, Valeria,
Elfriede von Mercien

20 MAI

NICHT NACHLASSEN

Unser Glaubensweg ist unlöslich mit dem Marias verbunden, seit der sterbende Jesus sie uns vom Kreuz herab zur Mutter gegeben hat mit den Worten: „Siehe, deine Mutter!" (Joh 19,27). Diese Worte haben die Bedeutung eines Testamentes und geben der Welt eine Mutter. Von jenem Augenblick an ist die Mutter Gottes auch unsere Mutter geworden! In der Stunde, in der der Glaube der Jünger durch viele Schwierigkeiten und Unsicherheiten brüchig wurde, vertraute Jesus sie derjenigen an, die die Erste war, die geglaubt hatte und deren Glaube niemals nachlassen sollte.

Predigt am Hochfest der Gottesmutter Maria am 1. Januar 2014

Hermann Josef von Steinfeld,
Konstantin der Große,
Christophorus Magallanes

MUTTER GOTTES

Die Mutter des Erlösers geht uns voran und bestärkt uns ständig im Glauben, in der Berufung und in der Mission. Mit ihrem Beispiel der Demut und der Bereitschaft gegenüber dem Willen Gottes hilft sie uns, unseren Glauben umzusetzen in eine frohe und grenzenlose Verkündigung des Evangeliums. So wird unsere Mission fruchtbar sein, weil sie nach dem Vorbild der Mütterlichkeit Marias gebildet ist. Ihr vertrauen wir unseren Glaubensweg, unsere Herzenswünsche, unsere Nöte und die Bedürfnisse der ganzen Welt an, besonders den Hunger und den Durst nach Gerechtigkeit und Frieden und nach Gott.

Predigt am Hochfest der Gottesmutter Maria am 1. Januar 2014

MIT HILFE DER MUTTER

Maria hat viele nicht leichte Momente in ihrem Leben erlebt, von der Geburt Jesu, als „in der Herberge kein Platz für sie war" (Lk 2,7), bis hin zu Golgota (vgl. Joh 19,25). Und wie eine gute Mutter ist sie uns nahe, damit wir angesichts der Widrigkeiten des Lebens, angesichts unserer Schwäche, angesichts unserer Sünden nie den Mut verlieren: sie gibt uns Kraft, sie weist uns den Weg ihres Sohnes. Jesus sagt vom Kreuz herab zu Maria, indem er auf Johannes weist: „Frau, siehe, dein Sohn!" Und zu Johannes sagt er: „Siehe, deine Mutter!" (vgl. Joh 19,26-27). In diesem Jünger sind wir alle vertreten.

Rosenkranzgebet am 4. Mai 2013

Samstag

MAI 23 Desiderius von Langres, Wigbert von Gorze

GESCHENK DER FREIHEIT

Was heißt Freiheit? Es bedeutet sicherlich nicht, alles zu tun, was man will, sich von den Leidenschaften beherrschen zu lassen, eine Erfahrung nach der anderen zu machen ohne Unterscheidung, den Moden der Zeit zu folgen; Freiheit bedeutet nicht, sozusagen all das, was uns nicht gefällt, aus dem Fenster zu werfen. Nein, das ist keine Freiheit! Die Freiheit ist uns gegeben, damit wir im Leben gute Entscheidungen zu treffen wissen! Maria erzieht uns als gute Mutter dazu, wie sie fähig zu sein, endgültige Entscheidungen zu treffen.

Rosenkranzgebet am 4. Mai 2013

Sonntag

PFINGSTSONNTAG
Ester, Dagmar von Dänemark,
Magdalena Sophie Barat

24 MAI

FREUDE UND HOFFNUNG

Lasst euch niemals von Mutlosigkeit überwältigen! Unsere Freude entspringt nicht aus dem Besitzen vieler Dinge, sondern daraus, einer Person begegnet zu sein: Jesus, der in unserer Mitte ist; sie entspringt aus dem Wissen, dass wir mit ihm niemals einsam sind, selbst in schwierigen Momenten nicht, auch dann nicht, wenn der Lebensweg auf Probleme und Hindernisse stößt, die unüberwindlich scheinen, und davon gibt es viele!

Predigt zur Eucharistiefeier am Palmsonntag während des XXVIII. Weltjugendtags am 24. März 2013

Montag

MAI 25

PFINGSTMONTAG
Gregor VII., Urban I.,
Maria Magdalena von Pazzi

ER IST ARBEITER

Man erkennt Jesus als Jünger auf dem Weg des Lebens, in seiner Nachfolge. Das aber reicht nicht, denn Jesus zu kennen ist eine Gabe des Vaters: Er ist es, der uns Jesus kennenlernen lässt. In Wahrheit ist das ein Werk des Heiligen Geistes, der ein großer Arbeiter ist: er ist kein Gewerkschaftler, er ist ein großer Arbeiter. Und er arbeitet stets in uns; und er vollbringt dieses große Werk, das Geheimnis Jesu zu erläutern und uns diesen Sinn für Christus zu verleihen.

Frühmesse in Sancta Marta am 20. Februar 2014

Dienstag

Filippo Neri (Philipp), Alwin von Elmham 26 MAI

ERFÜLLT VOM HEILIGEN GEIST

Um zu evangelisieren ist es [...] notwendig, sich dem Horizont des Geistes Gottes zu öffnen, ohne Angst zu haben vor dem, worum er uns bitten und wohin er uns führen mag. Vertrauen wir uns ihm an! Er wird uns befähigen, unseren Glauben zu leben und zu bezeugen, und er wird das Herz derer erleuchten, denen wir begegnen. Das war die Erfahrung von Pfingsten [...]. Als der Heilige Geist auf die Apostel herabkommt, lässt er sie herausgehen aus dem Raum, in dem sie sich aus Furcht eingeschlossen hatten, er lässt sie aus sich selbst herausgehen, und er verwandelt sie in Verkündiger und Zeugen von „Gottes großen Taten" (Apg 2, 11).

Generalaudienz am 22. Mai 2013

Mittwoch

MAI 27 Augustinus von Canterbury, Bruno von Würzburg

WENN IHR EINANDER LIEBT

Die Sprache des Geistes, die Sprache des Evangeliums ist die Sprache der Gemeinschaft, die dazu einlädt, Verschlossenheit und Gleichgültigkeit, Spaltungen und Gegensätze zu überwinden. Wir alle sollten uns fragen: Wie lasse ich mich vom Heiligen Geist führen, so dass mein Leben und mein Glaubenszeugnis Einheit und Gemeinschaft zum Ausdruck bringt? Bringe ich das Wort der Versöhnung und der Liebe, die das Evangelium ist, in das Umfeld, in dem ich lebe? [...] Was tue ich mit meinem Leben? Schaffe ich Einheit um mich herum? Oder spalte ich, durch Geschwätz, Kritik, Neid? Was tue ich? Denken wir darüber nach.

Generalaudienz am 22. Mai 2013

Donnerstag

Wilhelm von Aquitanien, Germanus von Paris **28** MAI

DAS HANDELN JESU

„Empfangt den Heiligen Geist! Wem ihr die Sünden vergebt, dem sind sie vergeben; wem ihr die Vergebung verweigert, dem ist sie verweigert" (Joh 20,22-23). Der in seinem Leib verklärte Jesus ist nunmehr der neue Mensch, der die österlichen Gaben schenkt, Frucht seines Todes und seiner Auferstehung. Was sind diese Gaben? Der Friede, die Freude, die Vergebung der Sünden, die Sendung, vor allem aber schenkt er den Heiligen Geist, der die Quelle all dieser Dinge ist. Das Hauchen Jesu, begleitet von den Worten, mit denen er den Geist übermittelt, verweist auf die Weitergabe des Lebens, des neuen, durch die Vergebung neu geborenen Lebens.

Generalaudienz am 20. November 2013

Freitag

MAI 29 Irmtrud von Millendonk,
Ursula Ledóchowska

GNADE IN UNSERE SEELE

Bevor er sie aber anhaucht und den Geist schenkt, zeigt Jesus seine Wundmale in den Händen und in der Seite: Diese Wundmale stellen den Preis unseres Heils dar. Der Heilige Geist bringt uns die Vergebung Gottes, indem er durch die Wundmale Jesu „hindurchgeht". Diese Wundmale wollte er bewahren; auch in diesem Augenblick zeigt er dem Vater im Himmel die Wundmale, mit denen er uns erlöst hat. Kraft dieser Wundmale sind unsere Sünden vergeben: So hat Jesus sein Leben hingegeben für unseren Frieden, für unsere Freude, für das Geschenk der Gnade in unserer Seele, für die Vergebung unserer Sünden. Es ist sehr schön, so auf Jesus zu schauen!

Generalaudienz am 20. November 2013

NIE MÜDE IN DER VERGEBUNG

Für uns Christen gibt es ein Geschenk mehr, und es gibt auch eine Verpflichtung mehr: demütig den Weg über den kirchlichen Dienst zu gehen. Wir müssen das wertschätzen: Es ist ein Geschenk, eine Fürsorge, ein Schutz, und es ist auch die Sicherheit, dass Gott mir vergeben hat. Ich gehe zu einem Bruder, einem Priester, und sage: „Pater, ich habe dies getan…" Und er antwortet: „Aber ich vergebe dir; Gott vergibt dir." In diesem Augenblick bin ich sicher, dass Gott mir vergeben hat! Und das ist schön, das bedeutet, die Sicherheit zu haben, dass Gott uns immer vergibt, dass er nicht müde wird zu vergeben.

Generalaudienz am 20. November 2013

Sonntag

MAI 31

DREIFALTIGKEITSSONNTAG
Petronilla (Petra), Mechthild von Dießen, Helmtrud (Hiltrud)

HÖREN UND HANDELN

Heute feiern wir das Fest der Heimsuchung Mariens, den Besuch der Jungfrau Maria bei ihrer Verwandten Elisabet. Ich möchte mit euch zusammen über dieses Geheimnis nachdenken, das zeigt, wie Maria ihren Lebensweg geht, mit großem Realismus, mit Menschlichkeit, mit Konkretheit. Drei Worte fassen die Haltung Mariens zusammen: Hören, Entscheidung, Handeln; Hören, Entscheidung, Handeln. Worte, die auch uns den Weg weisen angesichts dessen, worum uns der Herr in unserem Leben bittet. Hören, Entscheidung, Handeln.

Ansprache anlässlich des Rosenkranzgebets zum Abschluss des Marienmonats am 31. Mai 2013

Montag

01 JUNI

Justin der Märtyrer, Simeon von Trier

AUF GOTT HÖREN

Im Leben ist es schwierig, Entscheidungen zu treffen. Häufig tendieren wir dazu, sie aufzuschieben, andere an unserer Stelle entscheiden zu lassen, häufig ziehen wir es vor, uns von den Ereignissen mitreißen zu lassen, der aktuellen Mode zu folgen. Manchmal wissen wir, was wir tun sollten, aber wir haben nicht den Mut dazu oder es erscheint uns zu schwierig, weil dies hieße gegen den Strom zu schwimmen. Maria schwimmt bei der Verkündigung, bei der Heimsuchung, bei der Hochzeit von Kana gegen den Strom, Maria geht gegen den Strom. Sie hört auf Gott.

Ansprache anlässlich des Rosenkranzgebets zum Abschluss des Marienmonats am 31. Mai 2013

Dienstag

JUNI 02 Marcellinus und Petrus von Rom, Eugen I., Armin, Blandina

MARIA, HÖRENDE FRAU

Zuweilen bleiben auch wir beim Hören stehen, beim Nachdenken über das, was wir tun sollten, vielleicht sehen wir auch klar die Entscheidung, die wir treffen müssten, aber wir machen nicht den Schritt zum Handeln. Und vor allem bringen wir uns nicht selbst ins Spiel, indem wir »mit Eile« auf die anderen zugehen, um ihnen unsere Hilfe, unser Verständnis, unsere Liebe zu bringen; damit auch wir wie Maria das Kostbarste bringen, was wir empfangen haben, Jesus und sein Evangelium, mit dem Wort und vor allem mit dem konkreten Zeugnis unseres Handelns. Maria, Frau des Hörens, der Entscheidung, des Handelns.

Ansprache anlässlich des Rosenkranzgebets zum Abschluss des Marienmonats am 31. Mai 2013

MARIA, MUTTER DES MUTES

Maria, Frau des Hörens, lass unsere Ohren offen sein; lass uns das Wort deines Sohnes Jesus unter den tausend Worten dieser Welt heraushören; lass uns auf die Wirklichkeit, in der wir leben, hören, auf jeden Menschen, dem wir begegnen, und besonders auf den armen, den bedürftigen und den, der in Schwierigkeiten ist.
Maria, Frau der Entscheidung, erleuchte unseren Verstand und unser Herz, damit wir dem Wort deines Sohnes Jesus ohne Zögern zu gehorchen wissen; gib uns den Mut zur Entscheidung, dazu, uns nicht mitreißen zu lassen, so dass andere unser Leben bestimmen.

Gebet in der Ansprache anlässlich des Rosenkranzgebets zum Abschluss des Marienmonats am 31. Mai 2013

FRONLEICHNAM
Christa von Sizilien, Klothilde,
Werner von Ellerbach

MUT ZUR NACHFOLGE

Auch wir sind um den Tisch des Herrn versammelt, den Tisch des eucharistischen Opfers, in dem er uns erneut seinen Leib schenkt und das eine Kreuzesopfer gegenwärtig macht. Und durch das Hören seines Wortes, durch die Speisung mit seinem Leib und Blut lässt er uns aus dem Menge-Sein übergehen in das Gemeinschaft-Sein, aus der Anonymität zur Gemeinschaft. Die Eucharistie ist das Sakrament der Gemeinschaft, das uns aus dem Individualismus heraustreten lässt, um gemeinsam die Nachfolge, den Glauben an ihn zu leben.

Predigt zum Hochfest des Leibes und Blutes Christi am 20. Mai 2013

Freitag

Bonifatius/Winfried, Ferdinand von Portugal,
Meinwerk von Paderborn

05 JUNI

BARMHERZIGKEIT LEBEN

Woher kommt die Brotvermehrung? Die Antwort liegt in der Einladung Jesu an die Jünger: „Ihr selbst gebt…", „geben", teilen. Was teilen die Jünger? Das wenige, das sie haben: fünf Brote und zwei Fische. Aber gerade diese Brote und Fische sind es, die in den Händen des Herrn die ganze Menge sättigen. Verwirrt angesichts der Unfähigkeit ihrer Mittel, angesichts der Armseligkeit dessen, was sie zu Verfügung stellen können, sind es doch gerade die Jünger, die die Menschen sich niedersetzen lassen und – im Vertrauen auf das Wort Jesu – die Brote und Fische verteilen, die die Menge sättigen.

Predigt zum Hochfest des Leibes und Blutes Christi am 20. Mai 2013

Samstag

JUNI 06 Norbert von Xanten,
Claudius von Condat, Falco von Cava

DER HERR VERGIBT UNS

Der Herr blickt immer mit Barmherzigkeit auf uns; vergessen wir das nicht, er blickt immer mit Barmherzigkeit auf uns, er erwartet uns mit Barmherzigkeit. Haben wir keine Angst, uns ihm zu nähern! Er hat ein barmherziges Herz! Wenn wir ihm unsere inneren Verletzungen zeigen, unsere Sünden, vergibt er uns immer. Er ist reine Barmherzigkeit! Gehen wir zu Jesus!

Angelusgebet am 9. Juni 2013

Sonntag

10. SO. IM JAHRESKREIS
Robert von Newminster,
Deochar (Dietger)

07 JUNI

LIEBE UND BARMHERZIGKEIT

Gott ist der Lebende, er ist der Barmherzige. Jesus bringt uns das Leben Gottes, der Heilige Geist führt uns in die lebendige Beziehung der Gotteskindschaft ein und erhält uns darin. Doch oft – das wissen wir aus Erfahrung – wählt der Mensch nicht das Leben, nimmt das „Evangelium des Lebens" nicht an, sondern lässt sich von Ideologien und Logiken leiten, die dem Leben Hindernisse bereiten, es nicht respektieren, weil sie vom Egoismus, vom Eigennutz bestimmt und auf Gewinn, Macht und Genuss ausgerichtet sind und nicht von der Liebe und dem Bemühen um das Wohl des anderen ausgehen.

Predigt am Tag der Veröffentlichung der Enzyklika „Evangelium Vitae" am 16. Juni 2013

Montag

JUNI **08** Ilga von Schwarzenberg (Helga), Engelbert von Schäftlarn

LEBENDIGER GOTT

Schauen wir auf Gott als den Gott des Lebens, betrachten wir sein Gesetz, die Botschaft des Evangeliums als einen Weg der Freiheit und des Lebens. Der lebendige Gott macht uns frei! Sagen wir ja zur Liebe und nein zum Egoismus, sagen wir ja zum Leben und nein zum Tod, sagen wir ja zur Freiheit und nein zur Versklavung durch die vielen Götzen unserer Zeit; in einem Wort: Sagen wir ja zu Gott, der Liebe, Leben und Freiheit ist und niemals enttäuscht (vgl. 1 Joh 4,8; Joh 11,25; Joh 8,32), zu Gott dem Lebenden und dem Barmherzigen.

Predigt am Tag der Veröffentlichung der Enzyklika „Evangelium Vitae" am 16. Juni 2013

MUTTER DES LEBENS

Allein der Glaube an den lebendigen Gott rettet uns – der Glaube an den Gott, der uns in Jesus Christus sein Leben geschenkt hat mit der Gabe des Heiligen Geistes und als wahre Kinder Gottes mit seiner Barmherzigkeit leben lässt. Dieser Glaube macht uns frei und glücklich. Bitten wir Maria, die Mutter des Lebens, dass sie uns helfe, das „Evangelium des Lebens" immer anzunehmen und zu bezeugen.
So sei es.

Predigt am Tag der Veröffentlichung der Enzyklika „Evangelium Vitae" am 16. Juni 2013

Mittwoch

JUNI 10

Heinrich von Bozen, Olivia von Palermo, Gerlach von Obermarchtal

JESUS IST BEI UNS

Wer ist am wichtigsten? Jesus. Wenn wir vorangehen mit der Organisation, mit anderen Dingen – auch schönen Dingen –, aber ohne Jesus, dann kommen wir nicht voran, das funktioniert nicht. Jesus ist wichtiger. Jetzt ... möchte ich einen kleinen Vorwurf aussprechen, aber brüderlich, unter uns: Ihr alle habt auf dem Platz gerufen: „Franziskus, Franziskus, Papst Franziskus!" Aber Jesus, wo war er? Ich hätte gewollt, dass ihr gerufen hättet: „Jesus, Jesus ist der Herr, und er ist wirklich mitten unter uns!" Von jetzt an nicht mehr: „Franziskus", sondern: „Jesus"!

Ansprache zur Pfingstvigil mit den kirchlichen Bewegungen am 18. Mai 2013

Donnerstag

Apostel Barnabas, Aleydis von Schaerbeek
(Adelheid, Alice), Jolenta

11 JUNI

TROST FINDEN

Meine Erfahrung ist das, was ich vor dem Tabernakel erfahre, wenn ich gehe, um am Abend vor dem Herrn zu beten. Manchmal nicke ich ein wenig ein, das ist wahr, denn die Müdigkeit des Tages lässt dich einschlummern. Aber er versteht mich. Und ich empfinde so viel Trost, wenn ich daran denke, dass er mich anschaut. Wir meinen, wir müssten beten, sprechen, sprechen, sprechen … Nein! Lass dich vom Herrn anschauen. Wenn er uns anschaut, gibt er uns Kraft. Und er hilft dir, ihn zu bezeugen.

Ansprache zur Pfingstvigil mit den kirchlichen Bewegungen am 18. Mai 2013

HERZ-JESU-FEST
Leo III., Gaspare Bertoni, Odulf, Hildegard Burjan

BEGEGNUNG MIT CHRISTUS

So wächst der Glaube! Durch die Begegnung mit einer Person, durch die Begegnung mit dem Herrn. Da wird jemand einwenden: „Nein, ich ziehe es vor, den Glauben in den Büchern zu studieren!" Es ist wichtig, ihn zu studieren, aber siehst du, das allein genügt nicht! Das Wichtige ist die Begegnung mit Christus, die Begegnung mit ihm, und diese verhilft dir zum Glauben, denn es ist ja gerade Christus, der ihn dir schenkt! Auch ihr habt von der Glaubensschwäche gesprochen und was man tun kann, um sie zu überwinden. Der größte Feind, dem die Schwäche ausgesetzt ist – das ist komisch, nicht? –, ist die Angst.

Ansprache zur Pfingstvigil mit den kirchlichen Bewegungen am 18. Mai 2013

Samstag

UNBEFLECKTES HERZ MARIÄ
Antonius von Padua, Gerhard von Clairvaux

13 JUNI

UNERSCHÜTTERLICH AUF DEM WEG BLEIBEN

Bleibt unerschütterlich auf dem Weg des Glaubens mit der festen Hoffnung auf den Herrn. Darin liegt das Geheimnis unseres Weges! Er gibt uns den Mut, gegen den Strom zu schwimmen. Es gibt keine Schwierigkeiten, Drangsale, Verständnislosigkeiten, die uns Angst machen müssen, wenn wir mit Gott verbunden bleiben wie die Rebzweige mit dem Weinstock, wenn wir die Freundschaft mit ihm nicht verlieren, wenn wir ihm immer mehr Raum geben in unserem Leben.

Predigt in der hl. Messe mit Firmungen am 28. April 2013

WAHRE FREUDE

Die Neuheit Gottes, Drangsal im Leben, unerschütterlich im Herrn. Liebe Freunde, reißen wir die Tür unseres Lebens auf für die Neuheit Gottes, die der Heilige Geist uns schenkt, damit sie uns verwandelt, uns in den Drangsalen stärkt und unsere Verbindung mit dem Herrn, unser unerschütterliches Ausharren in ihm festige: Das wird eine wahre Freude sein! Amen.

Predigt in der hl. Messe mit Firmungen am 28. April 2013

Montag

Vitus (Veit), Klara Fietz, Bernhard von Aosta, Lothar von Séez

15 JUNI

OHNE ANGST

Das Evangelium (Joh 4, 5-42) berichtet von der Begegnung Jesu mit der samaritischen Frau, die sich in Sychar bei einem alten Brunnen zutrug, zu dem sich die Frau tagtäglich begab, um Wasser zu schöpfen. An jenem Tag fand sie Jesus vor, der „müde von der Reise" (Joh 4,6) war und sich an den Brunnen gesetzt hatte. Er sagt ihr sogleich: „Gib mir zu trinken" (V. 7). Auf diese Weise überwindet er die Barrieren der Feindseligkeit, die es zwischen Juden und Samaritern gab, und bricht mit den Mustern des Vorurteils gegenüber den Frauen. Die einfache Bitte Jesu ist der Beginn eines offenen Gesprächs, durch das er mit großem Feingefühl die innere Welt eines Menschen betritt.

Angelusgebet am 23. März 2014

Dienstag

JUNI **16** Benno von Meißen, Luitgard von Tongern

BERÜHRT VON DER BEGEGNUNG

Wenn Jesus einen Menschen sieht, geht er auf ihn zu, weil er liebt. Er liebt uns alle. Nie hält er vor einer Person aufgrund von Vorurteilen inne. Jesus konfrontiert sie mit ihrer Situation, ohne über sie zu urteilen, sondern indem er sie beachtet, anerkannt fühlen und so in ihr das Verlangen wach werden lässt, über die alltägliche Routine hinauszugehen. Der Durst Jesu war nicht so sehr ein Durst nach Wasser als vielmehr danach, einer vertrockneten Seele zu begegnen. [...]. Die Frau ist von dieser Begegnung berührt: sie richtet an Jesus jene tiefen Fragen, die wir alle in uns haben, doch oft ignorieren.

Angelusgebet am 23. März 2014

VERWANDLUNG FINDEN

Das Evangelium sagt, dass sich die Jünger darüber gewundert hätten, dass ihr Meister mit jener Frau sprach. Doch der Herr ist größer als die Vorurteile, deshalb fürchtete er es nicht, sich mit der Samariterin abzugeben: die Barmherzigkeit ist größer als das Vorurteil. Das müssen wir gut lernen! Die Barmherzigkeit ist größer als das Vorurteil, und Jesus ist sehr, sehr barmherzig! Das Ergebnis jener Begegnung beim Brunnen war, dass die Frau verwandelt wurde: „da ließ sie ihren Wasserkrug stehen" (V. 28), mit dem sie immer kam, um Wasser zu schöpfen, und eilte in die Stadt, um von ihrer außerordentlichen Erfahrung zu erzählen.

Angelusgebet 23. März 2014

Donnerstag

JUNI 18 Gregor Barbarigo, Marcus der Diakon

VOR DER LIEBE GOTTES

Treue Freundschaft ist eine Identität der Seelen, die selten auf Erden zu finden ist. Nur zwischen zwei gleichen Naturen kann Freundschaft wirklich wertvoll und dauerhaft sein. Freunde beeinflussen sich wechselseitig. Daher gibt es in der Freundschaft sehr wenig Raum zum Reformieren.
Ich bin der Meinung, dass jede ausschließliche Intimität zu vermeiden ist; denn der Mensch nimmt weit leichter Laster als Tugenden an. Und wer mit Gott befreundet sein will, muss allein bleiben oder die ganze Welt zu seinem Freund machen.

Angelusgebet am 23. März 2014

WIR SIND GERUFEN

Ich frage euch, und auch mich: „Was ist dein innerer Wasserkrug, der dir eine Last ist, der dich von Gott entfernt?" Stellen wir ihn ein wenig beiseite und vernehmen wir mit dem Herzen die Stimme Jesu, die uns ein anderes Wasser anbietet, ein anderes Wasser, das uns dem Herrn näher bringt. Wir sind gerufen, die Bedeutung und den Sinn unseres christlichen Lebens, das mit der Taufe begonnen hat, neu zu entdecken und wie die Samariterin vor den Brüdern und Schwestern Zeugnis abzulegen. Wofür? Für die Freude! Die Freude der Begegnung mit Jesus bezeugen, denn ich habe gesagt, dass jede Begegnung mit Jesus unser Leben ändert.

Angelusgebet am 23. März 2014

Samstag

JUNI **20** Adalbert von Magdeburg, Margarete Ebner

RÜCKKEHR ZUM LEBEN

Die Freude Gottes ist das Vergeben, die Freude Gottes besteht darin, zu vergeben! Es ist die Freude eines Hirten, der sein Schaf wiederfindet; die Freude einer Frau, die ihr Geldstück wiederfindet; es ist die Freude eines Vaters, der den Sohn im Haus aufnimmt, der verloren war, der wie gestorben war und zum Leben zurückgekehrt ist, der nach Hause zurückgekehrt ist. Hier ist das ganze Evangelium! Hier! Hier ist das ganze Evangelium, hier ist das ganze Christentum! Aber aufgepasst, das ist kein Gefühl, das ist kein „Gutmenschentum"!

Angelusgebet am 15. September 2013

Sonntag

12. SO. IM JK., SOMMERANFANG
Aloisius Gonzaga, Alban von Mainz

21 JUNI

LIEBE ERFÜLLT

Die Barmherzigkeit ist die wahre Kraft, die den Menschen und die Welt vor dem „Krebsgeschwür" retten kann, das die Sünde ist, das moralische Übel, das geistliche Übel. Allein die Liebe erfüllt die Leere, die negativen Abgründe, die das Böse im Herzen und in der Geschichte aufreißt. Allein die Liebe vermag dies, und das ist die Freude Gottes!

Angelusgebet am 15. September 2013

Montag

JUNI 22 John Fisher, Thomas Morus, Paulinus von Nola, Eberhard

SAUERTEIG DES GLAUBENS

Glaube bedeutet auch, Gott zu glauben, zu glauben, dass es wahr ist, dass er uns liebt, dass er lebt, dass er fähig ist, auf geheimnisvolle Weise einzugreifen, dass er uns nicht verlässt, dass er in seiner Macht und seiner unendlichen Kreativität Gutes aus dem Bösen hervorgehen lässt. Es bedeutet zu glauben, dass er siegreich in der Geschichte fortschreitet zusammen mit den „Berufenen, Auserwählten und Treuen" (Offb 17,14). Glauben wir dem Evangelium, das sagt, dass das Reich Gottes schon in der Welt da ist, hier und dort auf verschiedene Art und Weise wächst – wie das kleine Samenkorn, das zu einem großen Baum werden kann (vgl. Mt 13,31-32), wie die Hand voll Sauerteig, der eine große Masse durchsäuert.

Evangelii Gaudium, 278

LEBENDIGE HOFFNUNG

Es ist da, das Samenkorn kommt wieder, es kämpft, um von neuem zu blühen. Die Auferstehung Christi bringt überall Keime dieser neuen Welt hervor; und selbst wenn sie abgeschnitten werden, treiben sie wieder aus, denn die Auferstehung des Herrn hat schon das verborgene Treiben dieser Geschichte durchdrungen, denn Jesus ist nicht umsonst auferstanden. Bleiben wir in diesem Lauf der lebendigen Hoffnung keine Randfiguren!

Evangelii Gaudium, 278

Mittwoch

JUNI **24** GEBURT JOHANNES' DES TÄUFERS
Dietger von Thüringen, Theodulf

IN TREUE LEBEN

Jesus ist ganz Barmherzigkeit, Jesus ist ganz Liebe: er ist der menschgewordene Gott. Jeder von uns, jeder von uns ist jenes verlorene Schaf, jenes verlorene Geldstück; jeder von uns ist jener Sohn, der seine Freiheit vergeudet hat, falschen Götzen, Blendwerken des Glücks, gefolgt ist und alles verloren hat. Doch Gott vergisst uns nicht, der Vater verlässt uns nie. Er ist ein geduldiger Vater, er erwartet uns immer! Er respektiert unsere Freiheit, doch er bleibt immer treu.

Angelusgebet am 15. September 2013

Donnerstag

Wilhelm von Vercelli, Eleonore von England,
Dorothea von Montau

25 JUNI

VERGEBUNG FINDEN

Wenn wir zu Jesus zurückkehren, nimmt er uns in seinem Haus wie Kinder auf, da er niemals aufhört, auch nicht einen Augenblick, uns voll Liebe zu erwarten. Und sein Herz feiert ein Fest für jedes Kind, das zurückkehrt. Es feiert ein Fest, weil es eine Freude ist. Gott hat diese Freude, wenn einer von uns Sündern zu ihm geht und um seine Vergebung bittet.

Angelusgebet am 15. September 2013

Freitag

JUNI 26 Johannes und Paulus von Rom, Josemaría Escrivá, Vigilius von Trient

VOR DEM HAUS DES VATERS

Was ist die Gefahr? Die Gefahr besteht darin, dass wir uns für gerecht halten und über die anderen urteilen. Wir urteilen auch über Gott, weil wir denken, dass er die Sünder züchtigen, zum Tode verurteilen sollte, statt ihnen zu vergeben. Ja, dann laufen wir Gefahr, draußen vor dem Haus des Vaters zu bleiben! Wie jener ältere Bruder des Gleichnisses, der – statt zufrieden zu sein, weil der Bruder zurückgekehrt ist – zornig auf den Vater ist, der ihn aufgenommen hat und ein Fest feiert.

Angelusgebet am 15. September 2013

DIE LIEBE RETTET

Wenn in unserem Herzen keine Barmherzigkeit ist, keine Freude der Vergebung, sind wir nicht in Gemeinschaft mit Gott, selbst wenn wir alle Gebote befolgen, denn es ist die Liebe, die rettet, nicht allein die Befolgung der Gebote. Es ist die Liebe zu Gott und zum Nächsten, die alle Gebote erfüllt. Und das ist die Liebe Gottes, seine Freude: vergeben. Er erwartet uns immer!

Angelusgebet am 15. September 2013

Sonntag

JUNI **28** 13. SO. IM JAHRESKREIS
Irenäus von Lyon, Diethild,
Ekkehard von Huysburg

HINGABE DES LEBENS

Wenn wir nach dem Gesetz „Auge um Auge, Zahn um Zahn" leben, dann kommen wir nie aus der Spirale des Bösen heraus. Der Teufel ist schlau und macht uns vor, dass wir mit unserer menschlichen Gerechtigkeit uns und die Welt retten können. In Wirklichkeit kann uns allein die Gerechtigkeit Gottes retten! Und die Gerechtigkeit Gottes hat sich am Kreuz offenbart: das Kreuz ist das Urteil Gottes über uns alle und über diese Welt. Wie aber urteilt Gott über uns? Indem er sein Leben für uns hingibt!

Angelusgebet am 15. September 2013

DIE FREUDE PETRI

Denken wir an Petrus. Als er seinen Glauben an Jesus bekannte, tat er dies nicht aufgrund seiner menschlichen Fähigkeiten, sondern weil er von der Gnade überwältigt worden war, die Jesus ausströmte, von der Liebe, die er in seinen Worten spürte und in seinen Taten sah: Jesus war die Liebe Gottes in Person! Und dasselbe widerfuhr Paulus, wenn auch auf andere Weise. Als junger Mann war Paulus ein Feind der Christen, und als ihn der auferstandene Christus auf dem Weg nach Damaskus rief, wurde sein Leben verwandelt: er verstand, dass Jesus nicht gestorben war, sondern lebendig ist und auch ihn liebte, der er sein Feind war! Ja, das ist die Erfahrung der Barmherzigkeit, der Vergebung Gottes in Jesus Christus.

Angelusgebet am Hochfest der heiligen Apostel Petrus und Paulus am 29. Juni 2013

MUT SCHENKEN

Der Heilige Geist ist die Seele der Mission. Was in Jerusalem vor fast zweitausend Jahren geschah, ist kein weit von uns entferntes Ereignis, es ist etwas, das uns einholt, das in jedem von uns zur lebendigen Erfahrung wird. Das Pfingstereignis im Abendmahlssaal von Jerusalem ist der Anfang, ein Anfang, der sich über die Zeit hinzieht. Der Heilige Geist ist die Gabe schlechthin, die der auferstandene Christus seinen Aposteln schenkt, aber er möchte, dass sie sie alle erreicht. Wie wir im Evangelium gehört haben, sagt Jesus: „Ich werde den Vater bitten, und er wird euch einen anderen Beistand geben, der für immer bei euch bleiben soll" (Joh 14,16).

Predigt zur Eucharistiefeier mit den kirchlichen Bewegungen am Hochfest Pfingsten am 19. Mai 2013

Mittwoch

Theoderich von Reims (Dietrich), Radegund von Wellenburg, Hechard von Scheda (Eckard)

01 JULI

MIT DEM HERZEN ANTWORTEN

Wo ist dein Schatz? Was ist für dich die wichtigste, die kostbarste Wirklichkeit, die Wirklichkeit, die dein Herz wie ein Magnet anzieht? Was zieht dein Herz an? Kann ich sagen, dass es die Liebe Gottes ist? Ist da der Wunsch, den anderen Gutes zu tun, für den Herrn und für unsere Brüder und Schwestern zu leben? Kann ich das sagen? Jeder antworte in seinem Herzen. Doch einer mag mir sagen: Pater, aber ich bin doch einer, der arbeitet, der eine Familie hat, für mich besteht die wichtigste Wirklichkeit darin, meine Familie zu unterhalten, die Arbeit... Gewiss, das ist wahr, das ist wichtig.

Angelusgebet am 11. August 2013

Donnerstag

JULI 02

MARIÄ HEIMSUCHUNG
Jakob Friedrich Bussereau,
Wiltrud von Hohenwart

DIE LIEBE GOTTES

Die Liebe ist es, und wer die Liebe in unserem Herzen aussät, das ist Gott. Die Liebe Gottes, gerade die Liebe Gottes ist es, die den kleinen Verpflichtungen des Alltags Sinn gibt und auch dabei hilft, die großen Prüfungen anzunehmen. Das ist der wahre Schatz des Menschen. Mit Liebe im Leben vorwärtszugehen, mit jener Liebe, die der Herr im Herzen ausgesät hat, mit der Liebe Gottes. Das ist der wahre Schatz.

Angelusgebet am 11. August 2013

Freitag

Apostel Thomas, Joseph Lenzel 03 JULI

DIE KRAFT DER LIEBE

Doch was ist die Liebe Gottes? Sie ist nicht etwas Unbestimmtes, ein vages Gefühl. Die Liebe Gottes hat einen Namen und ein Gesicht: Jesus Christus, Jesus. Die Liebe Gottes offenbart sich in Jesus. Denn wir können nicht die Luft lieben… Lieben wir die Luft? Lieben wir das Ganze? Nein, das kann man nicht, wir lieben Personen, und die Person, die wir lieben, ist Jesus, das Geschenk des Vaters an uns. Das ist eine Liebe, die allem anderen Wert und Schönheit verleiht; eine Liebe, die der Familie, der Arbeit, dem Studium, der Freundschaft, der Kunst, jeder menschlichen Aktivität Kraft gibt.

Angelusgebet am 11. August 2013

Samstag

JULI 04 Ulrich von Augsburg, Elisabeth (Isabella) von Portugal, Berta von Blangy

HORIZONT DER HOFFNUNG

Die Liebe verleiht auch den negativen Erfahrungen Sinn, da uns diese Liebe gestattet, über diese Erfahrungen hinauszugehen, hinauszugehen, nicht Gefangene des Bösen zu bleiben, sondern sie lässt uns weitergehen, sie macht uns immer offen für die Hoffnung. Ja, die Liebe Gottes in Jesus öffnet uns immer für die Hoffnung, für jenen Horizont der Hoffnung, für den letzten Horizont unserer Pilgerschaft. So finden auch die Mühen und das Scheitern einen Sinn. Auch unsere Sünden finden einen Sinn in der Liebe Gottes, da uns diese Liebe Gottes in Jesus Christus immer vergibt, sie liebt uns so sehr, dass sie uns immer vergibt.

Angelusgebet am 11. August 2013

Sonntag

14. SO. IM JAHRESKREIS
Antonius Maria Zaccaria, Kyrilla von Cyrene, Philomena, Lätizia

05 JULI

WORTE DER LIEBE

Im Evangelium mit der Episode von der ehebrecherischen Frau (vgl. Joh 8,1-11) rettet Jesus diese vor der Verurteilung zum Tode. Es beeindruckt die Haltung Jesu: wir hören keine Worte der Verachtung, wir hören keine Worte der Verdammung, sondern nur Worte der Liebe, der Barmherzigkeit, die zur Umkehr auffordern. „Auch ich verurteile dich nicht. Geh und sündige von jetzt an nicht mehr!" (V. 11). Ja, das Gesicht Gottes ist das eines barmherzigen Vaters, der immer Geduld hat.

Angelusgebet am 17. März 2013

Montag

JULI **06** Maria Goretti (Marietta), Maria Theresia Ledóchowska

GEDULD UND BARMHERZIGKEIT

Habt ihr an die Geduld Gottes gedacht, die Geduld, die er mit einem jeden von uns hat? Das ist seine Barmherzigkeit. Immer hat er Geduld, Geduld mit uns, er versteht uns, er wartet auf uns, er wird es nicht müde, uns zu vergeben, wenn wir es verstehen, reuigen Herzens zu ihm zurückzukehren. „Groß ist die Barmherzigkeit des Herrn", sagt der Psalm.

Angelusgebet am 17. März 2013

DIE LIEBE GOTTES

Ein wenig Barmherzigkeit macht die Welt weniger kalt und viel gerechter. Wir haben es notwendig, diese Barmherzigkeit Gottes gut zu verstehen, dieses barmherzigen Vaters, der so viel Geduld hat ... Wir erinnern uns an den Propheten Jesaja, der sagt: „Wären unsere Sünden auch rot wie Scharlach, so würde sie die Liebe Gottes weiß wie Schnee machen." Schön ist das, das mit der Barmherzigkeit!

Angelusgebet am 17. März 2013

Mittwoch

JULI 08 Kilian von Würzburg, Edgar der Friedfertige, Adolf IV.

DIE GNADE SPÜREN

Um heilig zu werden, ist es nicht notwendig, die Augen zu verdrehen und dorthin zu schauen, oder ein Gesicht wie auf einem Heiligenbildchen zu haben! Nein, nein, das ist nicht notwendig! Nur eins ist notwendig, um heilig zu werden: die Gnade anzunehmen, die der Vater uns in Jesus Christus schenkt. Eben diese Gnade verwandelt unser Herz. Wir sind auch weiterhin Sünder, weil wir alle schwach sind, aber auch mit dieser Gnade, die uns spüren lässt, dass der Herr gut ist, dass der Herr barmherzig ist, dass der Herr auf uns wartet, dass der Herr uns vergibt, diese große Gnade, die unser Herz verwandelt.

Ansprache an die Teilnehmer der Pastoraltagung der Diözese Rom am 17. Juni 2013

DIE KRAFT DER LIEBE

Ein Herz, das liebt, ein Herz, das leidet, ein Herz, das sich mit den anderen freut, ein Herz voll Liebe für alle, die die Wunden des Lebens eingeprägt tragen und sich am Rand der Gesellschaft fühlen. Die Liebe ist die größte Verwandlungskraft der Wirklichkeit, denn sie reißt die Mauern des Egoismus nieder und füllt die Gräben auf, die uns voneinander trennen.

Ansprache an die Teilnehmer der Pastoraltagung der Diözese Rom am 17. Juni 2013

Freitag

JULI **10** Knud von Dänemark, Erik von Schweden (Erich), Olaf von Norwegen

GNADE FINDEN

Das ist die Liebe, die aus einem verwandelten Herzen kommt, aus einem Herzen von Stein, das in ein Herz von Fleisch verwandelt wurde, ein menschliches Herz. Und das macht die Gnade, die Gnade Jesu Christi, die wir alle empfangen haben. Weiß jemand von euch, wie viel die Gnade kostet? Wo die Gnade verkauft wird? Wo ich die Gnade kaufen kann? Niemand kann das sagen.

Ansprache an die Teilnehmer der Pastoraltagung der Diözese Rom am 17. Juni 2013

Samstag

Benedikt von Nursia, Olga (Helga),
Rachel (Rahel), Oliver Plunket

11 JULI

DIE GNADE JESU

So ist die Liebe Jesu: Er schenkt uns die Gnade ohne Gegenleistung, umsonst. Und wir müssen sie den Brüdern, den Schwestern schenken, umsonst. Es ist ein wenig traurig, wenn man jemandem begegnet, der die Gnade verkauft: In der Kirchengeschichte ist das manchmal geschehen, und es hat sehr schlechte Auswirkungen gehabt, sehr schlechte. Aber die Gnade kann man nicht verkaufen: Du empfängst sie umsonst und du gibst sie umsonst. Und das ist die Gnade Jesu Christi.

Ansprache an die Teilnehmer der Pastoraltagung der Diözese Rom am 17. Juni 2013

Sonntag

JULI **12**

15. SO. IM JAHRESKREIS
Felix und Nabor, Johannes Gualbertus,
Sigisbert von Disentis

HOFFNUNG FINDEN

Wir alle müssen den anderen mit den liebevollen Augen Christi sehen und lernen, Notleidende zu umarmen, um Nähe, Zuneigung und Liebe zum Ausdruck zu bringen. Doch umarmen genügt nicht. Reichen wir dem, der in Not ist, dem, der ins Dunkel der Abhängigkeit gefallen ist – vielleicht ohne zu wissen wie –, die Hand und sagen zu ihm: Du kannst wieder aufstehen, kannst wieder hochkommen – es ist mühsam, aber möglich, wenn du es nur willst.

Ansprache im Sankt-Franziskus-Hospital in Rio de Janeiro am 24. Juli 2013

Montag

Heinrich II. und Kunigunde, Joel,
Sara die Einsiedlerin

13 JULI

DIE HAND REICHEN

Im Evangelium lesen wir das Gleichnis vom barmherzigen Samariter. Es erzählt von einem Mann, der von Räubern überfallen und dann halb tot am Straßenrand liegengelassen wurde. Leute kommen vorbei, sehen ihn und halten sich nicht auf, sondern setzen gleichgültig ihren Weg fort: Es geht sie nichts an! Wie oft sagen wir: Das ist nicht mein Problem! Wie oft drehen wir uns zur anderen Seite und tun so, als ob wir nichts sähen! Nur ein Samariter, ein Unbekannter, sieht, hält an, hebt ihn auf, reicht ihm die Hand und pflegt ihn (Lk 10,29-35).

Ansprache im Sankt-Franziskus-Hospital in Rio de Janeiro am 24. Juli 2013

Dienstag

JULI **14** Kamillus de Lellis, Ulrich von Zell, Roland von Chézery

IN LIEBE BEGEGNEN

Wenn wir [...] die „Mystik" leben, auf die anderen zuzugehen und ihr Wohl zu suchen, weiten wir unser Inneres, um die schönsten Geschenke des Herrn zu empfangen. Jedes Mal wenn wir einem Menschen in Liebe begegnen, werden wir fähig, etwas Neues von Gott zu entdecken. Jedes Mal wenn wir unsere Augen öffnen, um den anderen zu erkennen, wird unser Glaube weiter erleuchtet, um Gott zu erkennen. Infolgedessen können wir, wenn wir im geistlichen Leben wachsen wollen, nicht darauf verzichten, missionarisch zu sein.

Evangelii Gaudium, 272

Mittwoch

Bonaventura, Egino (Egon), Wladimir der Große
(Waldemar), Donewald von Ogilvy (Donald)

15 JULI

DAS GLÜCK WOLLEN

Die Aufgabe der Evangelisierung bereichert Herz und Sinn, eröffnet uns geistliche Horizonte, macht uns empfänglicher, um das Wirken des Heiligen Geistes zu erkennen, und führt uns aus unseren engen geistlichen Schablonen heraus. Gleichzeitig erfährt ein engagierter Missionar die Freude, eine Quelle zu sein, die überfließt und die anderen erfrischt. Missionar kann nur sein, wer sich wohlfühlt, wenn er das Wohl des anderen sucht, das Glück der anderen will. Diese Öffnung des Herzens ist ein Quell des Glücks, denn „geben ist seliger als nehmen" (Apg 20,35).

Evangelii Gaudium, 272

Donnerstag

JULI 16 Unsere Liebe Frau auf dem Berge Karmel (Carmen), Elvira von Oeren, Irmgard

SEINE LIEBE WEITERSCHENKEN

Jeder Mensch ist Objekt der unendlichen zarten Liebe des Herrn, und er selbst wohnt in seinem Leben. Jesus Christus hat sein kostbares Blut am Kreuz für diesen Menschen vergossen. Jenseits aller äußeren Erscheinung ist jeder unendlich heilig und verdient unsere Liebe und unsere Hingabe. Deswegen, wenn ich es schaffe, nur einem Menschen zu helfen, ein besseres Leben zu haben, rechtfertigt dies schon den Einsatz meines Lebens. Es ist schön, gläubiges Volk Gottes zu sein. Und die Fülle erreichen wir, wenn wir die Wände einreißen und sich unser Herz mit Gesichtern und Namen füllt!

Evangelii Gaudium, 274

KEINE ANGST

Johannes wurde von Gott erwählt, um Christus den Weg zu bereiten, und er hat ihn dem Volk Israel als den Messias gezeigt, das Lamm Gottes, das die Sünde der Welt hinwegnimmt (vgl. Joh 1,29). Johannes hat sich ganz Gott und dem, den er gesandt hat, Jesus, geweiht. Doch was ist am Ende geschehen? Er ist um der Wahrheit willen gestorben, als er den Ehebruch von König Herodes und Herodias anprangerte. Wie viele Menschen zahlen einen hohen Preis für den Einsatz für die Wahrheit! Wie viele aufrechte Menschen ziehen es vor, gegen den Strom zu schwimmen, nur um nicht die Stimme des Gewissens zu verleugnen, die Stimme der Wahrheit!

Angelusgebet am 23. Juni 2013

Samstag

JULI **18** Arnold von Arnoldsweiler, Odilia von Köln (Ottilie), Friedrich von Utrecht

GEGEN DEN STROM

Habt keine Angst, gegen den Strom zu schwimmen, wenn sie uns die Hoffnung rauben wollen, wenn sie uns diese Werte vorschlagen, die verdorben sind, Werte, die sind, wie ein Essen, das schlecht geworden ist, und wenn das Essen schlecht geworden ist, dann schadet uns das; diese Werte machen uns krank. Wir müssen gegen den Strom schwimmen! Und ihr Jugendlichen, seid die ersten! Schwimmt gegen den Strom und habt diesen Stolz, gegen den Strom zu schwimmen. Vorwärts, seid mutig und schwimmt gegen den Strom! Und seid stolz, es zu tun!

Angelusgebet am 23. Juni 2013

Sonntag

16. SO. IM JAHRESKREIS
Bernulf von Utrecht (Bernold, Ulf),
Justa und Rufina

19 JULI

DEMUT LEBEN

Es ist besser, das Wort „Solidarität" aus dem Wörterbuch zu streichen, weil es stört. Aber wir dagegen, wir sagen: Das ist der Weg: Demut und Solidarität. Warum? Haben wir Priester sie erfunden? Nein! Es kommt von Jesus: Er hat es gesagt! Und wir wollen diesen Weg gehen. Die Demut Christi ist kein Moralismus, kein Gefühl. Die Demut Christi ist real, sie ist die Entscheidung, gering zu sein, bei den Geringen zu sein, bei den Ausgegrenzten, mitten unter uns zu sein, die wir alle Sünder sind. Achtung, das ist keine Ideologie! Es ist eine Form des Daseins und des Lebens, die von der Liebe ausgeht, vom Herzen Gottes ausgeht.

Ansprache während der Begegnung mit Strafgefangenen und armen Menschen beim Pastoralbesuch in Cagliari am 22. September 2013

Montag

JULI 20

Margareta von Antiochia, Elija, Bernhard von Hildesheim

OHNE EITELKEIT

Einige brüsten sich, tun sich wichtig mit den Armen; einige gebrauchen die Armen für eigene Interessen oder die ihrer Gruppe. Ich weiß, das ist menschlich, aber es ist nicht in Ordnung! Das ist nicht das, was Jesus tut! Und ich sage noch mehr: Es ist eine Sünde! Es ist eine schwere Sünde, denn es bedeutet, die Notleidenden, jene die Not leiden, die das Fleisch Jesu sind, für meine Eitelkeit zu gebrauchen. Ich gebrauche Jesus für meine Eitelkeit, und das ist eine schwere Sünde! Diese Personen bleiben besser zu Hause!

Ansprache während der Begegnung mit Strafgefangenen und armen Menschen beim Pastoralbesuch in Cagliari am 22. September 2013

LIEBE UND AUFMERKSAMKEIT

Jesus nachfolgen auf dem Weg der Nächstenliebe, mit ihm in die Randgebiete des Lebens gehen. „Die Liebe Christi drängt uns", sagte Paulus (2 Kor 5,14). Für den guten Hirten ist das, was fern ist, was am Rand steht, was verloren und verachtet ist, Gegenstand größerer Fürsorge, und die Kirche muss sich diese besondere Liebe und diese Aufmerksamkeit zu eigen machen. In der Kirche sind die Ersten jene, die die meiste Not leiden, menschliche, geistliche, materielle Not, die meiste Not.

Ansprache während der Begegnung mit Strafgefangenen und armen Menschen beim Pastoralbesuch in Cagliari am 22. September 2013

Mittwoch

JULI 22 Maria Magdalena, Verena von Schönau (Elvira), Eberhard von Berg

HÖREN AUF DAS WORT

Wie in einem Leib der Lebenssaft fließen muss, damit er leben kann, so müssen wir Jesus in uns wirken lassen, uns von seinem Wort leiten lassen, uns von seiner eucharistischen Gegenwart nähren, beseelen lassen, uns von seiner Liebe Kraft für unsere Nächstenliebe schenken lassen. Und das immer! Immer, immer! [...], wir wollen mit Jesus vereint bleiben, ihm vertrauen, unser Leben nach seinem Evangelium ausrichten; wir wollen uns aus dem täglichen Gebet, dem Hören auf das Wort Gottes, der Teilnahme an den Sakramenten nähren.

Generalaudienz am 19. Juni 2013

Donnerstag

Birgitta von Schweden, Liborius von Le Mans,
Apollinaris von Ravenna

23 JULI

VEREINIGUNG FINDEN

Teil der Kirche zu sein bedeutet, mit Christus vereint zu sein und von ihm göttliches Leben zu empfangen, das uns als Christen leben lässt; es bedeutet, vereint zu bleiben mit dem Papst und den Bischöfen, die Werkzeuge der Einheit und der Gemeinschaft sind, und es bedeutet auch zu lernen, persönlichen Ehrgeiz und Spaltungen zu überwinden, einander besser zu verstehen, die Vielfalt und den Reichtum eines jeden in Einklang zu bringen: kurz gesagt, Gott und die Menschen um uns herum – in der Familie, in der Pfarrei, in den Vereinigungen – mehr zu lieben. Leib und Glieder müssen vereint sein, um zu leben! Die Einheit steht über den Konflikten, immer!

Generalaudienz am 19. Juni 2013

Freitag

JULI 24 Christophorus, Christine, Louise von Savoyen, Siglind von Troclar

GNADE DER EINHEIT

Wenn Konflikte nicht gut gelöst werden, trennen sie uns voneinander, trennen sie uns von Gott. Der Konflikt kann uns helfen zu wachsen, aber er kann uns auch spalten. Gehen wir nicht auf dem Weg der Spaltungen, der Kämpfe untereinander! Alle vereint, alle vereint mit unseren Unterschieden, aber vereint, immer: Das ist der Weg Jesu. Die Einheit steht über den Konflikten. Die Einheit ist eine Gnade, um die wir den Herrn bitten müssen, auf dass er uns befreie von den Versuchungen der Spaltung, der Kämpfe untereinander, der Egoismen, des Geschwätzes. Wie viel Leid fügt das Geschwätz zu, wie viel Leid! Man darf sich nie über andere den Mund zerreißen, nie!

Generalaudienz am 19. Juni 2013

Samstag

Jakobus der Ältere, Thomas von Kempen,
Thea von Gaza

25 JULI

GEMEINSAM BETEN

Die Spaltungen unter uns, aber auch die Spaltungen zwischen den Gemeinschaften: evangelische Christen, orthodoxe Christen, katholische Christen– warum nur sind sie gespalten? Wir müssen versuchen, die Einheit herbeizuführen. Ich erzähle euch etwas: Ich war vor Kurzem eine halbe Stunde mit einem evangelischen Pastor zusammen, und wir haben zusammen gebetet und die Einheit gesucht. Wir müssen als Katholiken untereinander und auch mit den anderen Christen beten: darum beten, dass der Herr uns die Einheit schenken möge, die Einheit untereinander.

Generalaudienz am 19. Juni 2013

Sonntag

JULI 26

17. SO. IM JAHRESKREIS
Joachim und Anna, Titus Brandsma,
Gloriosa von Laodicea

GLAUBEN IN FAMILIE

Heute feiert die Kirche die Eltern der Jungfrau Maria, die Großeltern Jesu:[...] Die heiligen Joachim und Anna sind Glieder einer langen Kette, welche den Glauben und die Liebe zu Gott in der Geborgenheit der Familie weitergegeben hat bis hin zu Maria, die in ihrem Schoß den Sohn Gottes empfangen und ihn der Welt, ihn uns geschenkt hat. Der unschätzbare Wert der Familie als bevorzugter Ort der Weitergabe des Glaubens!

Angelusgebet zum Weltjugendtag am 26. Juli 2013

UNTER UNS EMPFANGEN

Die Kirche ist das „Haus Gottes", der Ort seiner Gegenwart, wo wir den Herrn finden und ihm begegnen können; die Kirche ist der Tempel, in dem der Heilige Geist wohnt, der sie beseelt, leitet und stützt. Wenn wir uns fragen: Wo können wir Gott begegnen? Wo können wir durch Christus mit ihm in Gemeinschaft treten? Wo können wir das Licht des Heiligen Geistes finden, das unser Leben erleuchtet? Dann lautet die Antwort: im Volk Gottes, unter uns, die wir Kirche sind. Hier begegnen wir Jesus, dem Heiligen Geist und dem Vater.

Generalaudienz am 26. Juni 2013

Dienstag

JULI 28 Benno von Osnabrück, Beatus und Bantus

VIELFALT LEBEN

Was macht der Heilige Geist unter uns? Er entwirft die Vielfalt, die der Reichtum in der Kirche ist, und vereint alles und alle, um einen geistigen Tempel zu bilden, in dem wir keine materiellen Opfer darbringen, sondern uns selbst, unser Leben (vgl. 1 Petr 2,4-5). Die Kirche ist kein Geflecht aus Dingen und Interessen, sondern sie ist der Tempel des Heiligen Geistes, der Tempel, in dem Gott wirkt, der Tempel, in dem ein jeder von uns durch das Geschenk der Taufe ein lebendiger Stein ist.

Generalaudienz am 26. Juni 2013

WIR SIND BRÜDER

Niemand in der Kirche ist überflüssig, und wenn jemand manchmal zu einem anderen sagt: „Geh nach Hause, du bist zu nichts nütze“, dann ist das nicht wahr, denn niemand ist in der Kirche nutzlos, wir alle sind notwendig, um diesen Tempel zu bauen! Niemand ist zweitrangig. Niemand ist der Wichtigste in der Kirche, wir sind alle gleich in den Augen Gottes. Jemand von euch könnte sagen: „Hören Sie, Herr Papst, Sie sind uns nicht gleich.“ Doch, ich bin wie jeder von euch, wir sind alle gleich, wir sind Brüder! Niemand ist anonym: Wir alle bilden und bauen die Kirche!

Generalaudienz am 26. Juni 2013

Donnerstag

JULI 30 Petrus Chrysologus, Maria de Jesus, Ingeborg von Frankreich

DIE KIRCHE BAUEN

Wenn der Mauerstein unseres christlichen Lebens fehlt, dann fehlt der Kirche etwas an ihrer Schönheit. Einige sagen: „Mich geht die Kirche nichts an", aber so fällt der Stein eines Lebens aus diesem schönen Tempel heraus. Niemand kann weggehen, wir alle müssen der Kirche unser Leben, unser Herz, unsere Liebe, unser Denken, unsere Arbeit bringen: alle gemeinsam. [...] Der Herr schenke uns allen seine Gnade, seine Kraft, damit wir tief mit Christus vereint sein können, der der Schlussstein ist, der Pfeiler, der tragende Stein unseres Lebens und des ganzen Lebens der Kirche. Wir wollen beten, dass wir, beseelt von seinem Geist, stets lebendige Steine seiner Kirche sein mögen.

Generalaudienz am 26. Juni 2013

Freitag

Ignatius von Loyola, Germanus von Auxerre,
Hermann von Niederaltaich

31 JULI

DER ERSTE

Ich suche Jesus, ich diene Jesus, weil er mich zuerst gesucht hat, weil ich von Ihm ergriffen worden bin: und das ist die Mitte unserer Erfahrung. Aber Er ist der Erste, immer. Auf Spanisch gibt es ein Wort, das sehr grafisch ist, was das gut erklärt: „primerea", „El nos primerea". Er ist immer der Erste. Wenn wir ankommen, dann ist er bereits angekommen und wartet auf uns. Und hier möchte ich an die Meditation über das Königreich […] erinnern. Christus, unser Herr, der ewige König, beruft jeden von uns und sagt: „Wer mit mir kommen will, hat sich anzustrengen mit mir, damit er, wie er mir in der Mühsal folgte, so auch mir in der Glorie folge."

Predigt zum Gedenktag des hl. Ignatius von Loyola am 31. Juli 2013

Samstag

AUGUST **01** CH: BUNDESFEIER
Alfons Maria von Liguori, Petrus Faber, Ulrich

DIE WAHRHEIT CHRISTI

Wenn wir auf Jesus blicken, wie es uns der hl. Ignatius [...] lehrt, vor allem auf den gekreuzigten Christus, dann spüren wir das sehr menschliche und sehr edle Gefühl der Scham, nicht auf der Höhe zu sein: Wir blicken auf die Weisheit Christi und auf unsere Ignoranz, auf seine Allmacht und unsere Schwäche, auf seine Gerechtigkeit und unsere Ungerechtigkeit, auf seine Güte und unsere Boshaftigkeit.

Predigt zum Gedenktag des hl. Ignatius von Loyola am 31. Juli 2013

NACHFOLGE TÄGLICH

Um die Gnade der Scham bitten, einer Scham, die dem beständigen Dialog der Barmherzigkeit mit ihm entspringt; einer Scham, die uns vor Jesus Christus erröten lässt; einer Scham, die uns in Einklang bringt mit dem Herzen Christi, der für mich zur Sünde geworden ist; einer Scham, die unser Herz unter Tränen zur Harmonie führt und die uns begleitet auf dem Weg der täglichen Nachfolge „meines Herrn".

Predigt zum Gedenktag des hl. Ignatius von Loyola am 31. Juli 2013

Montag

AUGUST 03 Lydia von Philippi, Benno von Einsiedeln

DEN SCHATZ TRAGEN

Und das führt uns immer, als Einzelne und als Gesellschaft, zur Demut, es führt uns dazu, diese große Tugend zu leben. Eine Demut, die uns jeden Tag bewusst macht, dass nicht wir es sind, die das Reich Gottes errichten, sondern dass es immer die Gnade des Herrn ist, die in uns wirkt; eine Demut, die uns dazu treibt, unser ganzes Selbst nicht in unseren eigenen Dienst oder den unserer Ideen zu stellen, sondern in den Dienst Christi und der Kirche, als tönerne, zerbrechliche, ungeeignete, unzureichende Gefäße, in denen wir aber einen unermesslichen Schatz tragen und weitergeben (2 Kor 4,7).

Predigt zum liturgischen Gedenktag des hl. Ignatius von Loyola am 31. Juli 2013

Dienstag

04 AUGUST

Johannes Maria Vianney, Rainer von Spalato

VON LIEBE ERFÜLLT

Wenn man sagt, etwas „hat Geist", meint man damit für gewöhnlich innere Beweggründe, die das persönliche und gemeinschaftliche Handeln anspornen, motivieren, ermutigen und ihm Sinn verleihen. Eine Evangelisierung mit Geist unterscheidet sich sehr von einer Ansammlung von Aufgaben, die als eine drückende Verpflichtung erlebt werden, die man bloß toleriert oder auf sich nimmt als etwas, das den eigenen Neigungen und Wünschen widerspricht. Wie wünschte ich die richtigen Worte zu finden, um zu einer Etappe der Evangelisierung zu ermutigen, die mehr Eifer, Freude, Großzügigkeit, Kühnheit aufweist, die ganz von Liebe erfüllt ist und von einem Leben, das ansteckend wirkt!

Evangelii Gaudium, 261

Mittwoch

AUGUST **05** Oswald von Northumbrien,
Dominika von Florenz

DEN INNEREN RAUM PFLEGEN

Evangelisierende mit Geist sind Verkünder des Evangeliums, die beten und arbeiten. Vom Gesichtspunkt der Evangelisierung aus nützen weder mystische Angebote ohne ein starkes soziales und missionarisches Engagement noch soziales oder pastorales Reden und Handeln ohne eine Spiritualität, die das Herz verwandelt. Diese aufspaltenden Teilangebote erreichen nur kleine Gruppen und haben keine weitreichende Durchschlagskraft, da sie das Evangelium verstümmeln. Immer ist es notwendig, einen inneren Raum zu pflegen, der dem Engagement und der Tätigkeit einen christlichen Sinn verleiht.

Evangelii Gaudium, 262

Donnerstag

VERKLÄRUNG DES HERRN
Praxedis (Adelheid), Hermann von Cappenberg

06 AUGUST

ANBETUNG LEBEN

Ohne längere Zeiten der Anbetung, der betenden Begegnung mit dem Wort Gottes, des aufrichtigen Gesprächs mit dem Herrn verlieren die Aufgaben leicht ihren Sinn, werden wir vor Müdigkeit und Schwierigkeiten schwächer und erlischt der Eifer. Die Kirche braucht dringend die Lunge des Gebets, und ich freue mich sehr, dass in allen kirchlichen Einrichtungen die Gebetsgruppen, die Gruppen des Fürbittgebets und der betenden Schriftlesung sowie die ewige eucharistische Anbetung mehr werden.

Evangelii Gaudium, 262

Freitag

AUGUST **07** Kajetan von Thiene, Sixtus II., Edmund Bojanowski, Afra, Donatus von Arezzo

AUSDAUER LERNEN

Es ist förderlich, sich an die ersten Christen und die vielen Brüder und Schwestern im Laufe der Geschichte zu erinnern, die von Freude erfüllt und voller Mut waren, unermüdlich in der Verkündigung und fähig zu großer tätiger Ausdauer. Es gibt welche, die sich damit trösten zu sagen, dass es heute schwieriger ist; allerdings müssen wir zugeben, dass im Römischen Reich die Lage weder für die Verkündigung des Evangeliums noch für den Kampf für die Gerechtigkeit oder die Verteidigung der Menschenwürde günstig war.

Evangelii Gaudium, 263

Samstag

08 AUGUST

Domingo (Dominikus), Hildiger (Hilger)

MIT DEN HEILIGEN LEBEN

Zu allen Zeiten der Geschichte gibt es die menschliche Schwachheit, die krankhafte Suche nach sich selbst, den bequemen Egoismus und schließlich die Begierde, die uns allen auflauert. Diese gibt es immer, in der einen oder anderen Form; sie rührt mehr von den menschlichen Grenzen als von den Umständen her. Sagen wir also nicht, dass es heute schwieriger ist; es ist anders. Lernen wir indessen von den Heiligen, die uns vorangegangen sind und die die jeweiligen Schwierigkeiten ihrer Zeit angepackt haben.

Evangelii Gaudium, 263

Sonntag

AUGUST

09

19. SO. IM JAHRESKREIS
Teresia Benedicta vom Kreuz (Edith Stein), Altmann von Passau

ERGRIFFEN WERDEN

Der erste Beweggrund, das Evangelium zu verkünden, ist die Liebe Jesu, die wir empfangen haben; die Erfahrung, dass wir von ihm gerettet sind, der uns dazu bewegt, ihn immer mehr zu lieben. Aber was für eine Liebe ist das, die nicht die Notwendigkeit verspürt, darüber zu sprechen, geliebt zu sein, und dies zu zeigen und bekannt zu machen? Wenn wir nicht den innigen Wunsch verspüren, diese Liebe mitzuteilen, müssen wir im Gebet verweilen und ihn bitten, dass er uns wieder eine innere Ergriffenheit empfinden lässt.

Evangelii Gaudium, 264

Montag

Laurentius (Lorenz, Lars), Asteria (Astrid) 10 AUGUST

DIE GNADE ERBITTEN

Wir müssen ihn jeden Tag anflehen, seine Gnade erbitten, dass er unser kaltes Herz aufbreche und unser laues und oberflächliches Leben aufrüttle. Wenn wir mit offenem Herzen vor ihm stehen und zulassen, dass er uns anschaut, erkennen wir diesen Blick der Liebe, den Natanael an dem Tag entdeckte, als Jesus ihm begegnete und sagte: „Ich habe dich unter dem Feigenbaum gesehen" (Joh 1,48).

Evangelii Gaudium, 264

Dienstag

AUGUST

11

Klara von Assisi, Susanna von Rom, Nikolaus von Kues

SEHEN UND HÖREN

Wie schön ist es, vor einem Kreuz zu stehen oder vor dem Allerheiligsten zu knien und einfach vor seinen Augen da zu sein! Wie gut tut es uns, zuzulassen, dass er unser Leben wieder anrührt und uns antreibt, sein neues Leben mitzuteilen! Was also geschieht, ist letztlich, dass wir das, „was wir gesehen und gehört haben, […] verkünden" (1 Joh 1,3).

Evangelii Gaudium, 264

DEN GEIST FINDEN

Die beste Motivation, sich zu entschließen, das Evangelium mitzuteilen, besteht darin, es voll Liebe zu betrachten, auf seinen Seiten zu verweilen und es mit dem Herzen zu lesen. Wenn wir es auf diese Weise angehen, wird uns seine Schönheit in Staunen versetzen, uns wieder und wieder faszinieren. Dazu ist es notwendig, einen kontemplativen Geist wiederzuerlangen, der uns jeden Tag neu entdecken lässt, dass wir Träger eines Gutes sind, das menschlicher macht und hilft, ein neues Leben zu führen. Es gibt nichts Besseres, das man an die anderen weitergeben kann.

Evangelii Gaudium, 264

Gertrud von Altenberg, Wigbert von Fritzlar, Gerold von Lübeck

GOTT BEGEGNEN

Von Gott reden, die Botschaft von der Liebe Gottes und der Erlösung in Jesus Christus zu den Menschen bringen, ist Aufgabe eines jeden Getauften. Und diese umfasst nicht nur das Sprechen mit Worten, sondern alles Handeln und Tun. Unser ganzes Dasein muss von Gott reden, selbst in den unscheinbaren Dingen. Dann ist unser Zeugnis echt, dann wird es auch in der Kraft des Heiligen Geistes stets neu und frisch sein. Damit dies gelingt, muss die Rede von Gott zuallererst Rede mit Gott sein, Begegnung mit dem lebendigen Gott in Gebet und Sakrament.

Ansprache an die Bischöfe der Österreichischen Bischofskonferenz anlässlich ihres Ad-limina-Besuchs am 30. Januar 2014

LEBEN IN FÜLLE

Gott lässt sich nicht nur finden, sondern er macht sich in seiner Liebe selbst auf, dem Suchenden entgegenzugehen. Der Mensch, der sich an die Liebe Gottes klammert, versteht, die Herzen der anderen für die göttliche Liebe zu öffnen, um ihnen zu zeigen, dass nur in der Gemeinschaft mit Gott das Leben in Fülle ist. Gerade in unserer Zeit, wo wir zu einer „kleinen Herde" (Lk 12,32) zu werden scheinen, sind wir als Jünger des Herrn berufen, als eine Gemeinschaft zu leben, die „Salz der Erde" und „Licht der Welt" ist (vgl. Mt 5,13-16).

Ansprache an die Bischöfe der Österreichischen Bischofskonferenz anlässlich ihres Ad-limina-Besuchs am 30. Januar 2014

Samstag

AUGUST **15** MARIÄ AUFNAHME IN DEN HIMMEL
Mechthild von Magdeburg

HORIZONT DER HOFFNUNG

Der Glaube selbst ist es, der uns Christen eine ganz solide Hoffnung schenkt, die uns dazu drängt, die Wirklichkeit zu unterscheiden, die Nähe und die Solidarität zu leben, denn Gott selbst ist in unsere Geschichte eingetreten, indem er in Jesus Mensch geworden ist; er ist in unsere Schwäche eingetaucht, ist einem jeden von uns nahe geworden und hat eine ganz konkrete Solidarität gezeigt, vor allem den Ärmsten und Bedürftigsten gegenüber, und er hat uns einen grenzenlosen und sicheren Horizont der Hoffnung eröffnet.

Ansprache zur Begegnung mit der Welt der Kultur während des Pastoralbesuchs in Cagliari am 22. September 2013

FREIHEIT LEBEN

Jesus war frei, bei jener Entscheidung war er frei. Jesus will uns Christen frei wie er es war, mit jener Freiheit, die diesem Dialog mit dem Vater entspringt, diesem Dialog mit Gott. Jesus will weder egoistische Christen, die dem eigenen Ich folgen, nicht mit Gott sprechen; noch schwache Christen, Christen, die keinen Willen haben, „ferngesteuerte Christen", die unfähig sind zur Kreativität, die immer versuchen, sich an den Willen eines anderen zu binden und nicht frei sind. Jesus will uns frei – und wo verwirklicht man diese Freiheit? Man verwirklicht sie im eigenen Gewissen im Dialog mit Gott.

Angelusgebet am 30. Juni 2013

Montag

AUGUST 17

Johanna vom Kreuz (Jeanne),
Klara von Montefalco

DEM GEWISSEN FOLGEN

Wir müssen lernen, mehr auf unser Gewissen zu hören. Doch Vorsicht! Das bedeutet nicht, dem eigenen Ich zu folgen, das zu tun, was mich interessiert, was für mich von Vorteil ist, was mir gefällt ... Darum geht es nicht! Das Gewissen ist der innere Ort, wo wir auf die Wahrheit hören, auf das Gute, auf Gott; es ist der innere Ort meiner Beziehung mit ihm, der zu meinem Herzen spricht und mir dabei hilft, zu unterscheiden, den Weg zu verstehen, den ich einschlagen muss, und wenn der Entschluss einmal gefasst ist, vorwärtszugehen, treu zu bleiben.

Angelusgebet am 30. Juni 2013

Dienstag

Helena (Helene), Claudia, Rainald von Ravenna

18 AUGUST

DIE TREUE PFLEGEN

Die Familie ist also ein vorrangiger Ort der Evangelisierung und der lebendigen Weitergabe des Glaubens. Tun wir alles, damit in unseren Familien gebetet wird, der Glaube als Teil des täglichen Lebens erfahren und weitergegeben wird. [...] Als Sakrament ist die Ehe Geschenk Gottes und Auftrag zugleich. Die Liebe zweier Brautleute wird durch Christus geheiligt, und die Partner sind dazu aufgerufen, diese Heiligkeit durch ihre Treue zueinander zu bezeugen und zu pflegen.

Ansprache an die Bischöfe der Österreichischen Bischofskonferenz anlässlich ihres Ad-limina-Besuchs am 30. Januar 2014

Mittwoch

AUGUST 19 Johannes Eudes, Sebald von Nürnberg, Caritas Pirckheimer

AUF DIE MÜTTER HÖREN

Was tut eine Mutter? Zunächst bringt sie uns im Leben das Laufen bei, sie lehrt uns, im Leben den richtigen Weg zu gehen, sie weiß ihren Kindern Orientierung zu geben und versucht immer, den richtigen Weg im Leben zu weisen, um zu wachsen und erwachsen zu werden. Und sie tut das mit Zärtlichkeit, mit Zuneigung, mit Liebe – immer, auch wenn sie versucht, unseren Weg zu begradigen, weil wir im Leben etwas ins Schleudern geraten sind oder Wege einschlagen, die auf einen Abgrund zu führen. Eine Mutter weiß, was wichtig ist, damit ein Kind im Leben den richtigen Weg geht.

Generalaudienz am 18. September 2013

MUTTER KIRCHE

Die Kirche: [...] gibt unserem Leben Orientierung, sie lehrt uns, den richtigen Weg zu gehen. Denken wir an die Zehn Gebote: Sie weisen uns einen Weg, den wir gehen sollen, um zur Reife zu gelangen, um feste Bezugspunkte für unser Verhalten zu haben. Und sie sind Frucht der Zärtlichkeit, der Liebe Gottes, der sie uns geschenkt hat. Nun könntet ihr sagen: Aber es sind Gebote! Es ist eine Ansammlung von „Nein"! Ich möchte euch einladen, sie zu lesen – vielleicht habt ihr sie ein wenig vergessen – und sie dann positiv zu betrachten.

Generalaudienz am 18. September 2013

Freitag

AUGUST

21

Pius X., Gratia von Alcira, Balduin von Rieti

DAS WOHL DER KIRCHE

Ihr werdet sehen, dass es [in den zehn Geboten] um unser Verhalten gegenüber Gott, gegenüber uns selbst und gegenüber den anderen geht – genau das, was eine Mutter uns lehrt, um richtig zu leben. Sie laden uns ein, uns keine materiellen Götzen zu schaffen, die uns dann versklaven, an Gott zu denken, die Eltern zu achten, ehrlich zu sein, den Nächsten zu achten... Versucht einmal, sie so zu sehen und sie zu betrachten als seien sie die Worte, die Lehren einer Mutter, um im Leben den richtigen Weg zu gehen. Eine Mutter lehrt nie Schlechtes, sie will nur das Wohl ihrer Kinder, und so auch die Kirche.

Generalaudienz am 18. September 2013

DIE KRAFT DER LIEBE

Wenn ein Kind heranwächst, erwachsen wird, dann schlägt es seinen eigenen Weg ein, übernimmt eigene Verantwortungen, steht auf eigenen Beinen, tut das, was es will. Und manchmal passiert es auch, dass es vom Weg abkommt, manchmal geschieht ein Unfall. Die Mutter hat immer, in jeder Situation, die Geduld, die Kinder weiter zu begleiten. Was sie drängt, ist die Kraft der Liebe; eine Mutter weiß dem Weg ihrer Kinder mit Zurückhaltung, mit Zärtlichkeit zu folgen. Und auch wenn sie einen Fehler machen, findet sie immer einen Weg, um die Kinder zu verstehen, ihnen nahe zu sein, zu helfen.

Generalaudienz am 18. September 2013

Sonntag

AUGUST

23

21. SO. IM JAHRESKREIS
Rosa von Lima, Flavian von Autun

SICH VERSCHENKEN

Wir – in meinem Land – sagen: Eine Mutter „sa dar la cara". Was bedeutet das? Es bedeutet, dass eine Mutter für ihre Kinder „das Gesicht hinhält", dass es sie dazu drängt, sie zu verteidigen, immer. Ich denke an die Mütter, die um Kinder leiden, die im Gefängnis sind oder sich in schwierigen Situationen befinden: Sie fragen sich nicht, ob sie schuldig sind oder nicht, sondern lieben sie auch weiterhin. Und oft werden sie gedemütigt, aber sie haben keine Angst und hören nicht auf, sich hinzuschenken.

Generalaudienz am 18. September 2013

Montag

Apostel Bartholomäus, Ansoalda (Isolde), Karl **24** AUGUST

HOFFNUNG KIRCHE

So ist […] die Kirche: Sie ist eine barmherzige Mutter, die versteht, die immer versucht zu helfen, zu ermutigen. Auch vor den Kindern, die Fehler gemacht haben und Fehler machen, verschließt sie nie die Türen des Hauses; sie verurteilt nicht, sondern bietet Gottes Vergebung an, bietet seine Liebe an, die einlädt, den Weg wieder aufzunehmen – auch jenen ihrer Kinder, die in einen tiefen Abgrund gestürzt sind. Die Kirche hat keine Angst, in ihre Nacht einzutreten, um Hoffnung zu schenken: Die Kirche hat keine Angst, in unsere Nacht einzutreten, wenn wir uns in der Finsternis der Seele und des Gewissens befinden, um uns Hoffnung zu schenken! Denn die Kirche ist Mutter!

Generalaudienz am 18. September 2013

 Ludwig IX. von Frankreich, Josef von Calsanz, Elvira von Périgord

AN DIE TÜR DES HERRN KLOPFEN

Eine Mutter weiß auch zu bitten, an jede Tür anzuklopfen für ihre Kinder, ohne Berechnung, sondern aus Liebe. Und ich denke daran, wie sehr die Mütter auch und vor allem an die Tür des Herzens Gottes anzuklopfen wissen! Mütter beten viel für ihre Kinder, besonders für die schwächeren, für jene, die es am meisten benötigen, für jene, die im Leben gefährliche oder falsche Wege eingeschlagen haben.

Generalaudienz am 18. September 2013

DIE WEITE DER KIRCHE

Einheit im Glauben, in der Hoffnung, in der Liebe, Einheit in den Sakramenten, im Dienst: Es sind gleichsam Pfeiler, die den einen großen Bau der Kirche stützen und zusammenhalten. Wohin wir auch gehen, auch in der kleinsten Pfarrei, im entlegensten Winkel dieser Erde, dort ist die eine Kirche; dort sind wir zu Hause, sind wir in der Familie, sind wir unter Brüdern und Schwestern. Und das ist ein großes Geschenk Gottes!

Generalaudienz am 25. September 2013

Donnerstag

AUGUST **27** Monika, Gebhard II. von Konstanz, Cäsarius von Arles

TIEFE BINDUNGEN

Die Kirche ist für alle nur eine. Es gibt nicht eine Kirche für die Europäer, eine für die Afrikaner, eine für die Amerikaner, eine für die Asiaten, eine für jene, die in Ozeanien leben – nein, sie ist überall dieselbe. Es ist wie in einer Familie: Man kann weit entfernt sein voneinander, in aller Welt verteilt, aber die tiefen Bindungen, die alle Familienmitglieder vereinen, bleiben fest, wie groß die Entfernung auch sein mag.

Generalaudienz am 25. September 2013

Freitag

28 AUGUST

Augustinus von Hippo, Elmar von Lüttich, Adeling von Buchau, Adeline

DEN REICHTUM FINDEN

Demut, Friedfertigkeit, Geduld, Liebe, um die Einheit zu wahren! Das, das sind die Wege, die wahren Wege der Kirche. [Lesen] wir sie noch einmal. Demut gegen die Eitelkeit, gegen den Hochmut, Demut, Friedfertigkeit, Geduld, Liebe, um die Einheit zu wahren. Und weiter sagte Paulus: ein Leib, der Leib Christi, den wir in der Eucharistie empfangen; ein Geist, der Heilige Geist, der die Kirche beseelt und ständig erneuert; eine Hoffnung, das ewige Leben; ein Glaube, eine Taufe, ein Gott und Vater aller (vgl. Eph 4, 4-6). Der Reichtum dessen, was uns vereint! Und das ist ein wahrer Reichtum: was uns vereint, nicht was uns trennt. Das ist der Reichtum der Kirche!

Generalaudienz am 25. September 2013

Samstag

AUGUST 29 Enthauptung Johannes' des Täufers, Sabina von Rom, Beatrix von Aa, Theodora

DIE KRAFT ZU TEILEN

Jeder frage sich heute: Lasse ich die Einheit in der Familie, in der Pfarrei, in der Gemeinschaft wachsen, oder bin ich ein Schwätzer, eine Schwätzerin? Verursache ich Spaltung, Schwierigkeiten? Ihr wisst nicht, wie sehr das Geschwätz der Kirche, den Pfarreien, den Gemeinschaften schadet! Es schadet! Das Geschwätz fügt Wunden zu. Bevor ein Christ schwätzt, sollte er sich in die Zunge beißen! Ja oder nein? Sich in die Zunge beißen: Das wird uns gut tun, weil die Zunge anschwillt, und er nicht sprechen und nicht schwätzen kann. Habe ich die Demut, mit Geduld, mit Opferbereitschaft die Wunden der Gemeinschaft zu heilen?

Generalaudienz am 25. September 2013

Sonntag

22. SO. IM JAHRESKREIS
Heribert von Köln, Rebekka, Ingeborg,
Amadeus von Lausanne

30 AUGUST

EINHEIT SCHAFFEN

Unsere Einheit ist nicht in erster Linie Frucht unseres Konsenses oder der Demokratie innerhalb der Kirche oder unserer Bemühungen, uns zu einigen, sondern sie kommt von ihm, der Einheit in der Vielfalt schafft, denn der Heilige Geist ist Eintracht, er bewirkt immer Harmonie in der Kirche. Es ist eine harmonische Einheit in einer großen Vielfalt aus Kulturen, Sprachen und Denkweisen. Der Heilige Geist ist die Triebkraft. Deshalb ist das Gebet wichtig. Es ist die Seele unseres Bemühens als Männer und Frauen der Gemeinschaft, der Einheit – das Gebet zum Heiligen Geist, auf dass er kommen und in der Kirche Einheit schaffen möge.

Generalaudienz am 25. September 2013

Montag

AUGUST 31 Paulinus von Trier, Raimundus Nonnatus

UM VEREINIGUNG BETEN

Bitten wir den Herrn: Herr, gib, dass wir immer mehr vereint seien, dass wir nie Werkzeuge der Spaltung sind; gib, dass wir uns bemühen, wie es in einem schönen franziskanischen Gebet heißt, Liebe zu üben, wo man hasst, zu verzeihen, wo man beleidigt, zu verbinden, wo Streit ist.

Generalaudienz am 25. September 2013

Ruth, Josua, Gideon, Verena, Alois Scholze

WEGE ZUR HEILIGUNG

Wir sind eine Kirche von Sündern; und wir Sünder sind aufgerufen, uns von Gott verwandeln, erneuern, heiligen zu lassen. In der Geschichte sind einige in Versuchung geraten zu sagen: Die Kirche ist nur die Kirche der Reinen, jener, die völlig konsequent sind, und die anderen müssen entfernt werden. Das ist nicht wahr! Das ist eine Irrlehre! Die Kirche, die heilig ist, weist die Sünder nicht zurück. Sie weist uns alle nicht zurück; sie weist nicht zurück, weil sie alle ruft und annimmt. Sie ist offen auch für die Fernstehenden, sie ruft alle auf, sich von der Barmherzigkeit, der Zärtlichkeit und der Vergebung des Vaters umgeben zu lassen.

Generalaudienz am 2. Oktober 2013

SEPTEMBER *Mittwoch*

02 Ingrid Elovsdotter,
Franz Urban Salins de Niart

IST JEMAND OHNE SÜNDE?

„Aber Heiliger Vater, ich bin ein Sünder, ich habe schwer gesündigt, wie kann ich mich als Teil der Kirche fühlen?" Lieber Bruder, liebe Schwester, eben das will der Herr: dass du zu ihm sagst: „Herr, hier bin ich, mit meinen Sünden." Ist jemand von euch hier ohne die eigenen Sünden? Irgendjemand von euch? Niemand, niemand von uns. Alle bringen wir unsere Sünden mit uns. Aber der Herr will hören, dass wir zu ihm sagen: „Vergib mir, hilf mir voranzugehen, verwandle mein Herz!". Und der Herr kann das Herz verwandeln.

Generalaudienz am 2. Oktober 2013

Donnerstag

03 SEPTEMBER

Gregor der Große, Sophie von Minden, Phoebe, Marinus von Rimini

DIE ZÄRTLICHKEIT DES VATERS

Der Gott, dem wir in der Kirche begegnen, ist kein unbarmherziger Richter, sondern er ist wie der Vater aus dem Gleichnis im Evangelium. Du kannst sein wie der Sohn, der das Haus verlassen hat, der den tiefsten Grund der Gottesferne berührt hat. Wenn du die Kraft hast zu sagen: Ich will nach Hause zurückkehren, wirst du die Tür offen finden. Gott kommt dir entgegen, weil er immer auf dich wartet, Gott wartet immer auf dich, Gott umarmt dich, küsst dich und feiert ein Fest. So ist der Herr, so ist die Zärtlichkeit unseres himmlischen Vaters.

Generalaudienz am 2. Oktober 2013

SEPTEMBER

Freitag

04 Irmgard von Süchteln, Ida von Herzfeld, Iris, Rosa von Viterbo

JESUS BEGEGNEN

Der Herr will, dass wir Teil einer Kirche sind, die es versteht, die Arme zu öffnen, um alle anzunehmen, die nicht das Haus einiger weniger ist, sondern das Haus aller, wo alle von seiner Liebe erneuert, verwandelt, geheiligt werden können, die Stärksten und die Schwächsten, die Sünder, die Gleichgültigen, jene, die sich entmutigt und verloren fühlen. Die Kirche bietet allen die Möglichkeit, den Weg der Heiligkeit zu gehen, der der Weg des Christen ist: Sie lässt uns Jesus Christus in den Sakramenten begegnen, besonders in der Beichte und in der Eucharistie; sie gibt uns das Wort Gottes weiter, sie lässt uns in der Nächstenliebe leben, in der Liebe Gottes zu allen.

Generalaudienz am 2. Oktober 2013

Samstag

05 SEPTEMBER

Mutter Teresa, Roswitha von Gandersheim,
Maria Theresia von Wüllenweber

DIE HEILIGKEIT

Was kann ich tun, der ich mich schwach, zerbrechlich, sündig fühle? Gott sagt zu dir: Hab keine Angst vor der Heiligkeit, hab keine Angst, dir hohe Ziele zu setzen, dich von Gott lieben und reinigen zu lassen, hab keine Angst, dich vom Heiligen Geist leiten zu lassen. Lassen wir uns anstecken von der Heiligkeit Gottes. Jeder Christ ist zur Heiligkeit berufen [...]; und die Heiligkeit besteht nicht in erster Linie darin, Außergewöhnliches zu vollbringen, sondern Gott handeln zu lassen.

Generalaudienz am 2. Oktober 2013

SEPTEMBER

Sonntag

06

23. SO. IM JAHRESKREIS
Magnus von St. Gallen, Gundolf von Metz, Theobald, Alexius

GLAUBEN MIT FREUDE

Die Heiligkeit ist die Begegnung unserer Schwachheit mit der Kraft seiner Gnade, sie bedeutet, auf sein Handeln zu vertrauen, das es uns gestattet, in der Liebe zu leben, alles mit Freude und Demut zu tun, zur Ehre Gottes und im Dienst am Nächsten. [...] Verlieren wir nicht die Hoffnung auf die Heiligkeit, beschreiten wir alle diesen Weg. Wollen wir Heilige sein? Der Herr wartet auf uns alle, mit offenen Armen; er wartet auf uns, um uns auf diesem Weg der Heiligkeit zu begleiten. Leben wir unseren Glauben mit Freude, lassen wir uns vom Herrn lieben, bitten wir Gott im Gebet um dieses Geschenk, für uns und für die anderen.

Generalaudienz am 2. Oktober 2013

Otto von Freising, Judith, Regina, Dietrich I.

ORT DER KIRCHE

Die Kirche ist katholisch, weil sie der Raum, das Haus ist, in dem uns der ganze Glaube verkündigt wird, in dem das Heil, das Christus uns gebracht hat, allen angeboten wird. Die Kirche lässt uns der Barmherzigkeit Gottes begegnen, die uns verwandelt, weil in ihr Jesus Christus gegenwärtig ist, der ihr das wahre Glaubensbekenntnis, die Fülle des sakramentalen Lebens, die Authentizität des Weiheamtes schenkt. In der Kirche findet jeder von uns das, was notwendig ist, um zu glauben, um als Christen zu leben, um heilig zu werden, um an jedem Ort und in jeder Zeit auf dem Weg zu sein.

Generalaudienz am 9. Oktober 2013

MARIÄ GEBURT
Hadrian (Adrian), Antoine-Frédéric Ozanam

LEBEN LERNEN

In der Kirche können wir das Wort Gottes hören mit der Sicherheit, dass es die Botschaft ist, die der Herr uns geschenkt hat. In der Kirche können wir dem Herrn begegnen in den Sakramenten, die offene Fenster sind, durch die uns das Licht Gottes gegeben wird, Bäche, aus denen wir das Leben Gottes schöpfen. In der Kirche lernen wir, die Gemeinschaft zu leben, die Liebe, die von Gott kommt.

Generalaudienz am 9. Oktober 2013

Mittwoch

SEPTEMBER

Petrus Claver, Audomar (Otmar),
Euthymia Üffing (Emma) 09

VIELFALT LEBEN

Die Kirche ist die Harmonie aller: Man darf nie übereinander klatschen, nie streiten! Nehmen wir den anderen an? Akzeptieren wir, dass es eine berechtigte Vielfalt gibt, dass dieser anders ist, dass jener so oder so denkt; im selben Glauben kann man auch unterschiedlich denken, oder neigen wir dazu, alles zu vereinheitlichen? Die Einförmigkeit tötet jedoch das Leben. Das Leben der Kirche ist Vielfalt, und wenn wir allen diese Gleichförmigkeit auferlegen wollen, dann töten wir die Gaben des Heiligen Geistes.

Generalaudienz am 9. Oktober 2013

WAS HEISST DIENEN

Dienen bedeutet, den Ankommenden aufzunehmen, mit Aufmerksamkeit; es bedeutet, sich über den Bedürftigen zu beugen und ihm die Hand zu reichen, ohne Berechnung, ohne Angst, mit Zärtlichkeit und Verständnis, wie Jesus sich niedergebeugt hat, um den Aposteln die Füße zu waschen. Dienen bedeutet, an der Seite der Bedürftigsten zu arbeiten, mit ihnen vor allem menschliche Beziehungen aufzubauen, ihnen nahe zu sein, Bande der Solidarität zu knüpfen

Ansprache beim Besuch im römischen Flüchtlingszentrum „Astalli" am 10. September 2013

GEDULDIGES VERTRAUEN

Die Armen sind auch die bevorzugten Lehrmeister unserer Kenntnis von Gott; ihre Zerbrechlichkeit und Einfachheit entlarven unsere Egoismen, unsere falschen Sicherheiten, unsere falschen Autonomieansprüche und führen uns zur Erfahrung der Nähe und der Zärtlichkeit Gottes, sie führen uns dazu, in unserem Leben seine Liebe zu empfangen, seine Barmherzigkeit als Vater, der diskret und mit geduldigem Vertrauen für uns, für uns alle sorgt.

Ansprache beim Besuch im römischen Flüchtlingszentrum „Astalli" am 10. September 2013

SEPTEMBER

Samstag

12

Mariä Namen (Marion), Guido von Anderlecht, Gerfried von Münster

FRAGEN AN MICH

Beuge ich mich über den, der in Schwierigkeiten ist, oder habe ich Angst, mir die Finger schmutzig zu machen? Bin ich in mich selbst, in meine Dinge und Angelegenheiten verschlossen oder bemerke ich den, der Hilfe braucht? Diene ich nur mir selbst oder diene ich den anderen wie Christus, der gekommen ist zu dienen bis zur Hingabe seines Lebens? Blicke ich denen in die Augen, die um Gerechtigkeit bitten, oder richte ich den Blick auf die andere Seite, um die Augen nicht zu sehen?

Ansprache beim Besuch im römischen Flüchtlingszentrum „Astalli" am 10. September 2013

BEGLEITEN LERNEN

Zu Beginn wurden den Flüchtlingen eine erste Hilfe angeboten: eine Mensa, einen Schlafplatz, Rechtshilfe. Dann hat es gelernt, die Menschen bei der Suche nach einer Arbeit und bei der sozialen Integration zu begleiten. Und es hat daher auch kulturelle Aktivitäten angeboten, um dazu beizutragen, eine Kultur der Aufnahme wachsen zu lassen, eine Kultur der Begegnung und der Solidarität, ausgehend vom Schutz der Menschenrechte. Aufnahme allein ist nicht ausreichend. Es reicht nicht, ein Sandwich zu verteilen, wenn es nicht von der Möglichkeit begleitet ist, zu lernen, auf eigenen Füßen zu stehen.

Ansprache beim Besuch im römischen Flüchtlingszentrum „Astalli" am 10. September 2013

SEPTEMBER

Montag

14

KREUZERHÖHUNG
Conan O'Rourke (Kornelius)

BARMHERZIGKEIT SUCHEN

Die Nächstenliebe, die den Armen so lässt, wie er ist, reicht nicht aus. Echte Barmherzigkeit, jene die Gott uns schenkt und lehrt, verlangt Gerechtigkeit, verlangt, dass der Arme den Weg findet, damit er nicht mehr arm ist. Sie verlangt – und sie verlangt das von uns, sie verlangt, dass niemand mehr eine Mensa braucht oder eine Notunterkunft oder den Dienst der Rechtshilfe, damit das Recht, zu leben und zu arbeiten, das Recht, ganz Person zu sein, anerkannt wird.

Ansprache beim Besuch im römischen Flüchtlingszentrum „Astalli" am 10. September 2013

Dienstag

15 SEPTEMBER

Schmerzen Mariens (Dolores), Roland von Medici, Melitta von Preslav (Melissa)

DER WEG DER GERECHTIGKEIT

Verteidigen [...] heißt, sich auf die Seite dessen zu stellen, der schwächer ist. Wie oft erheben wir die Stimme, um unsere Rechte zu verteidigen, aber wie oft sind wir den Rechten der anderen gegenüber gleichgültig! Wie oft können oder wollen wir nicht der Stimme dessen eine Stimme geben, der – wie ihr – gelitten hat und leidet, dessen Rechte mit Füßen getreten wurden, der so viel Gewalt erlebt hat, dass sie sogar den Wunsch erstickt hat, dass ihm Gerechtigkeit widerfährt!

Ansprache beim Besuch im römischen Flüchtlingszentrum „Astalli" am 10. September 2013

SEPTEMBER

Mittwoch

16 Kornelius von Rom, Mechthild von Magdeburg, Edith von Wilton, Julia

KONKRETE LIEBE LEISTEN

Unterscheidungsvermögen, Verantwortungsbewusstsein, aber auch Mut ist nötig. Wir tun viel, vielleicht sind wir gerufen, mehr zu tun, indem wir aufnahmebereit sind und mit Entschiedenheit das teilen, was die Vorsehung uns geschenkt hat, um zu dienen. Die Versuchung der geistlichen Weltlichkeit überwinden, um den einfachen Menschen und vor allem den Ärmsten nahe zu sein. Wir brauchen solidarische Gemeinschaften, die die Liebe auf konkrete Weise leben!

Ansprache beim Besuch im römischen Flüchtlingszentrum „Astalli" am 10. September 2013

Donnerstag

17 SEPTEMBER

Hildegard von Bingen, Robert Bellarmin, Ariadne (Ariane)

VORBILD IM GARTEN

Die […] Wirklichkeit, die Maria uns lehrt, ist sehr schön: immer mit Jesus vereint zu sein. Wir können uns fragen: Denken wir nur an Jesus, wenn etwas nicht stimmt und wir ihn brauchen, oder haben wir eine ständige Beziehung zu ihm, eine tiefe Freundschaft, auch wenn es darum geht, ihm auf dem Weg des Kreuzes nachzufolgen? Bitten wir den Herrn, dass er uns seine Gnade, seine Kraft schenke, damit sich in unserem Leben und im Leben einer jeden kirchlichen Gemeinschaft das Vorbild Marias, Mutter der Kirche, widerspiegelt.

Generalaudienz am 23. Oktober 2013

18

Lambert von Maastricht, Lambert von Freising, Richardis von Andlau (Ricarda)

WEG DES GLAUBENS

Wenn wir vereint sind, wird der Glaube stark. Wie schön ist es, uns im wunderbaren Abenteuer des Glaubens gegenseitig zu unterstützen! [...] Wer von uns allen hat auf dem Weg des Glaubens nicht Unsicherheit, Verwirrung und sogar Zweifel erlebt? Wir alle haben das erlebt, auch ich: Es gehört zum Weg des Glaubens, es gehört zu unserem Leben. All das darf uns nicht verwundern, denn wir sind Menschen, gezeichnet von Schwächen und Grenzen; wir alle sind schwach, wir alle haben Grenzen.

Generalaudienz am 30. Oktober 2013

Januarius von Neapel,
Theodor von Canterbury, Albert von Löwen

BEISTAND LEISTEN

In diesen schwierigen Augenblicken des Zweifels ist es jedoch notwendig, durch das kindliche Gebet auf Gottes Beistand zu vertrauen. Und gleichzeitig ist es wichtig, den Mut und die Demut zu finden, sich den anderen zu öffnen, um Beistand und Hilfe zu erbitten. Wie oft haben wir das getan und konnten dann das Problem überwinden und Gott wieder finden! In dieser Gemeinschaft – „comunione [Gemeinschaft]" heißt „comune-unione [miteinander geteilte Einheit]" – sind wir eine große Familie, in der alle Mitglieder einander Beistand leisten und sich gegenseitig unterstützen.

Generalaudienz am 30. Oktober 2013

BIS IN DIE EWGIKEIT

Die Gemeinschaft der Heiligen geht über das irdische Leben hinaus und dauert für immer. Diese Einheit unter uns geht über dieses Leben hinaus und geht im anderen Leben weiter; es ist eine geistliche Einheit, die aus der Taufe entsteht und vom Tod nicht zerstört wird, sondern durch den auferstandenen Christus dazu bestimmt ist, ihre Fülle im ewigen Leben zu finden. Es gibt eine tiefe und unauflösliche Verbindung zwischen jenen, die noch auf dieser Erde pilgern – zwischen uns –, und jenen, die die Schwelle des Todes überschritten haben, um in die Ewigkeit einzugehen.

Generalaudienz am 30. Oktober

Montag

SEPTEMBER

21

Apostel und Evang. Matthäus,
Debora, Jona (Jonas)

IN GELASSENHEIT LEBEN

Wenn Gott sich offenbart, bringt er Neues – Gott bringt immer Neues –, verwandelt und verlangt, dass man ihm völlig vertraut: Noach baut eine von allen belächelte Arche und wird gerettet; Abraham verlässt sein Land, und hat nichts in der Hand als eine Verheißung [...]. Es ist nicht die Neuheit um der Neuheit willen, die Suche nach dem Neuen, um die Langeweile zu überwinden, wie es in unserer Zeit häufig geschieht. Die Neuheit, die Gott in unser Leben bringt, ist das, was uns tatsächlich verwirklicht, das, was uns die wahre Freude schenkt, die wahre Gelassenheit, denn Gott liebt uns und will nur unser Bestes.

Predigt zur Eucharistiefeier mit den kirchlichen Bewegungen am Hochfest Pfingsten am 19. Mai 2013

Dienstag

SEPTEMBER

22

Mauritius (Moritz),
Emmeram von Regensburg

DIE MACHT DER GNADE

Die Taufe, die uns zu Kindern Gottes macht, die Eucharistie, die uns mit Christus vereint, müssen zu Leben werden, das heißt, sie müssen sich in Einstellungen, Verhaltensweisen, Gesten, Entscheidungen umsetzen. Die in den österlichen Sakramenten enthaltene Gnade ist eine enorme Kraft der Erneuerung für das persönliche Leben, für das Leben der Familien, für die gesellschaftlichen Beziehungen. Alles aber geht über das menschliche Herz: Wenn ich mich von der Gnade des auferstandenen Christus erreichen lasse.

Regina-Coeli-Gebet am 1. April 2013

DIE LEBENSKRAFT DES GEISTES

Im Leben das Sakrament zum Ausdruck bringen, das wir empfangen haben: das [...] ist unsere tägliche Aufgabe, doch ich würde sagen: auch unsere tägliche Freude! Die Freude, sich als Werkzeug der Gnade Christi zu fühlen, als Reben am Weinstock, der er selbst ist, beseelt von der Lebenskraft seines Geistes! Wir wollen gemeinsam im Namen des gestorbenen und auferstandenen Herrn und auf die Fürsprache der allerseligsten Jungfrau Maria bitten, dass das Paschageheimnis zutiefst in uns und in unserer Zeit wirken kann, dass der Hass der Liebe, die Lüge der Wahrheit, die Rachsucht der Vergebung, die Traurigkeit der Freude weichen möge.

Regina-Coeli-Gebet am 1. April 2013

SEPTEMBER

Donnerstag

24

Rupert und Virgil von Salzburg,
Gerhard Sagredo, Hermann der Lahme

GUTES TUN

Es darf keine Zeit mit Gerede vergeudet werden, man darf nicht auf die Zustimmung aller warten, man muss gehen und verkündigen. Allen muss der Friede Christi gebracht werden, und wenn sie ihn nicht annehmen, geht man trotzdem weiter. Den Kranken bringt man Heilung, weil Gott den Menschen von allem Übel heilen will. Wie viele Missionare tun dies! Sie säen Leben, Gesundheit, Trost in den Randgebieten der Welt. Wie schön ist das! Nicht für sich selbst leben, nicht für sich selbst leben, sondern leben, um hinauszugehen und Gutes zu tun.

Angelusgebet am 7. Juli 2013

FREUDE UND MUT

Habt keine Angst, freudig zu sein! Habe keine Angst vor der Freude! Jene Freude, die der Herr uns schenkt, wenn wir ihn in unser Leben eintreten lassen, wenn wir es zulassen, dass er in unser Leben eintritt und uns einlädt, hinauszugehen in die Randgebiete des Lebens und das Evangelium zu verkünden. Habt keine Angst vor der Freude. Freude und Mut!

Angelusgebet am 7. Juli 2013

SEPTEMBER

Samstag

26 Kosmas und Damian, Kaspar Stanggassinger, Eugenia von Odilienburg

BARMHERZIGKEIT UND TREUE

Der Glaube bringt es mit sich, Gott als Grundkriterium des Lebens zu wählen, und Gott ist nicht leer, er ist nicht neutral, Gott ist immer positiv, Gott ist Liebe, und die Liebe ist positiv! Nachdem Jesus in die Welt gekommen ist, kann man nicht so tun, als würden wir Gott nicht kennen.

Als sei er etwas Abstraktes, Leeres, mit einem rein nominalen Bezug. Nein, Gott hat ein konkretes Gesicht, er hat einen Namen: Gott ist Barmherzigkeit, Gott ist Treue, er ist Leben, das sich uns allen schenkt.

Angelusgebet am 18. August 2013

DEM HERRN DIENEN

Doch [der] Friede [Jesu] ist nicht der Grabesfriede, er ist keine Neutralität[...], dieser Friede ist kein Kompromiss um jeden Preis. Die Nachfolge Jesu bringt es mit sich, dem Bösen, dem Egoismus zu entsagen und das Gute, die Wahrheit, die Gerechtigkeit zu wählen, auch wenn dies Opfer und den Verzicht auf die eigenen Interessen verlangt. Und das, ja das spaltet. [...] Doch Achtung: Nicht Jesus ist es, der spaltet! Er legt ein Kriterium fest: für sich selbst leben oder für Gott und die anderen leben; sich dienen lassen oder dienen; dem eigenen Ich gehorchen oder Gott gehorchen. Ja, so ist Jesus „Zeichen, dem widersprochen wird" (Lk 2,34).

Angelusgebet am 18. August 2013

SEPTEMBER

Montag

28 Lioba von Tauberbischofsheim, Wenzeslaus (Wenzel)

UNSERE STÄRKE LEBEN

Die wahre Kraft des Christen ist die Kraft der Wahrheit und der Liebe, was es mit sich bringt, auf jede Gewalt zu verzichten.
Glaube und Gewalt sind unvereinbar! Glaube und Gewalt sind unvereinbar! Dagegen gehören Glaube und Stärke zusammen. Der Christ ist nicht gewalttätig, sondern stark. Und welche Kraft ist das? Die der Sanftmut, die Kraft der Sanftmut, die Kraft der Liebe.

Angelusgebet am 18. August 2013

Erzengel Michael, Gabriel und Rafael,
Johannes von Dukla

NACHFOLGE LEBEN

Auch unter den Angehörigen Jesu hat es einige gegeben, die von einem bestimmten Punkt an seine Art zu leben und zu verkündigen nicht teilten, das sagt uns das Evangelium (vgl. Mk 3,20–21). Doch seine Mutter folgte ihm immer treu und heftete den Blick ihres Herzens fest auf Jesus, den Sohn des Höchsten, und auf sein Geheimnis. Und am Ende wurden dank des Glaubens Mariens die Angehörigen Jesu Teil der ersten christlichen Gemeinde (vgl. Apg 1,14). Bitten wir Maria, dass sie auch uns beistehe, den Blick fest auf Jesus zu richten und ihm immer nachzufolgen, auch wenn dies seinen Preis hat.

Angelusgebet am 18. August 2013

SEPTEMBER

Mittwoch

30

Hieronymus, Sophia von Mailand,
Urs und Viktor von Solothurn

DIALOG IM GEBET

Auch in unserem christlichen Leben müssen Gebet und Handeln immer zutiefst vereint sein. Ein Gebet, das nicht zum konkreten Handeln gegenüber dem armen, kranken, hilfsbedürftigen Bruder, dem Bruder in Not führt, ist ein steriles und unvollständiges Gebet. Wenn man aber gleichzeitig im kirchlichen Dienst allein auf das Tun achtet, wenn man den Dingen, den Funktionen, den Strukturen mehr Gewicht beimisst und dabei die Zentralität Christi vergisst, sich keine Zeit nimmt für den Dialog mit ihm im Gebet, so läuft man Gefahr, sich selbst zu dienen und nicht dem im bedürftigen Bruder gegenwärtigen Gott.

Angelusgebet am 21. Juli 2013

AUFRICHTIG GLAUBEN

„Herr, stärke unseren Glauben!" [...] Er lasse ihn in uns wachsen! Und was erwidert der Herr? Er erwidert: „Wenn euer Glaube auch nur so groß wäre wie ein Senfkorn, würdet ihr zu dem Maulbeerbaum hier sagen: Heb dich samt deinen Wurzeln aus dem Boden, und verpflanz dich ins Meer! und er würde euch gehorchen" (Lk 17,6). Das Senfkorn ist sehr klein, doch Jesus sagt, es reicht, einen solchen kleinen, aber wahren, aufrichtigen Glauben zu haben, um menschlich Unmögliches, Undenkbares zu tun. Und das ist wahr!

Angelusgebet am 6. Oktober 2013

Hll. Schutzengel, Petrus, Hermann und Jakob von Neuzelle

GLAUBE TUT GUT

Wir alle kennen einfache, bescheidene Menschen, die aber einen sehr starken Glauben haben, die wirklich Berge versetzen! Denken wir zum Beispiel an gewisse Mütter und Väter, die besonders schwerwiegenden Situationen entgegentreten; oder an gewisse auch sehr schwerkranke Menschen, die ihren Besuchern Ausgeglichenheit vermitteln.
Gerade aufgrund ihres Glaubens rühmen sich diese Menschen nicht dessen, was sie tun [...]. Wie viele unter uns haben diesen starken, bescheidenen Glauben, der so gut tut!

Angelusgebet am 6. Oktober 2013

DIALOG DER SEELEN

Ein jeder von uns kann in seinem täglichen Leben Zeugnis für Christus geben, mit der Kraft Gottes, der Kraft des Glaubens. Der so kleine Glaube, den wir haben, der aber stark ist! Mit dieser Kraft Zeugnis geben für Jesus Christus, Christen mit dem Leben sein, mit unserem Zeugnis! Und woraus schöpfen wir diese Kraft? Wir schöpfen sie aus Gott im Gebet. Das Gebet ist der Atem des Glaubens: in einer Beziehung des Vertrauens, in einer Beziehung der Liebe darf der Dialog nicht fehlen, und das Gebet ist der Dialog der Seelen mit Gott.

Angelusgebet am 6. Oktober 2013

Sonntag

OKTOBER

04

27. SO. IM JK., ERNTEDANK
Franziskus von Assisi, Franz Xaver Seelos

DER NAME VERPFLICHTET

Manche wussten nicht, warum der Bischof von Rom sich Franziskus nennen wollte. Einige dachten an Franz Xaver, an Franz von Sales und auch an Franz von Assisi. Ich erzähle Ihnen eine Geschichte. Bei der Wahl saß neben mir der emeritierte Erzbischof von São Paolo und frühere Präfekt der Kongregation für den Klerus Kardinal Claudio Hummes – ein großer Freund, ein großer Freund! Als die Sache sich etwas zuspitzte, hat er mich bestärkt. Und als die Stimmen zwei Drittel erreichten, erscholl der übliche Applaus, da der Papst gewählt war. Und er umarmte, küsste mich und sagte mir: „Vergiss die Armen nicht!"

Ansprache an die Medienvertreter am 16. März 2013

Montag

Meinolf, Maria Faustyna Kowalska

05 OKTOBER

MANN DER ARMUT

Und da setzte sich dieses Wort in mir fest: die Armen, die Armen. Dann sofort habe ich in Bezug auf die Armen an Franz von Assisi gedacht. Dann habe ich an die Kriege gedacht, während die Auszählung voranschritt bis zu allen Stimmen. Und Franziskus ist der Mann des Friedens. So ist mir der Name ins Herz gedrungen: Franz von Assisi. Er ist für mich der Mann der Armut, der Mann des Friedens, der Mann, der die Schöpfung liebt und bewahrt.

Ansprache an die Medienvertreter am 16. März 2013

EIN ZWEITER GRUND

Doch es gibt auch noch eine andere Armut! Es ist die geistliche Armut unserer Tage, die ganz ernstlich auch die Länder betrifft, die als die reichsten gelten. Es ist das, was mein Vorgänger, der liebe und verehrte Benedikt XVI., „Diktatur des Relativismus" nennt und was jeden sein eigener Maßstab sein lässt und so das Zusammenleben unter den Menschen gefährdet. Und damit komme ich zu einem zweiten Grund für meinen Namen.

Ansprache an das diplomatische Korps am 22. März 2013

Mittwoch

Unsere Liebe Frau vom Rosenkranz, Rosa,
Justina von Padua, Gerold der Pilger (Gerwald)

07 OKTOBER

IN DER WAHRHEIT LEBEN

Franziskus von Assisi sagt: Arbeitet, um den Frieden aufzubauen! Aber es gibt keinen wahren Frieden ohne Wahrheit! Es kann keinen wahren Frieden geben, wenn jeder sein eigener Maßstab ist, wenn jeder immer und einzig sein eigenes Recht einfordern kann, ohne sich gleichzeitig um das Wohl der anderen – aller – zu kümmern, angefangen von der Natur, die alle Menschen auf dieser Welt verbindet.

Ansprache an das diplomatische Korps am 22. März 2013

Donnerstag

OKTOBER

08

Gunther von Regensburg,
Dementrius von Saloniki

DIE TÜR ZUM LEBEN

Das Bild der Tür kommt verschiedene Male im Evangelium vor und ruft die Tür des Hauses in Erinnerung, des Zuhause, wo wir Sicherheit, Liebe, Wärme finden. Jesus sagt uns, dass es eine Tür gibt, die uns in die Familie Gottes eintreten lässt, in die Wärme des Hauses Gottes, der Gemeinschaft mit ihm. Diese Tür ist Jesus selbst (vgl. Joh 10,9). Er ist die Tür. Er ist der Zugang zum Heil. Er führt uns zum Vater. Und die Tür, die Jesus ist, ist nie verschlossen, diese Tür ist nie verschlossen, sie ist immer und für alle offen, ohne Unterschiede, ohne jemanden auszuschließen, ohne Privilegien.

Angelusgebet am 25. August 2013

Dionysius von Paris, Abraham und Sara,
Johannes Leonardi, Gunther von Thüringen

OHNE ANGST SEIN

Du bist der Bevorzugte, weil Jesus den Sünder vorzieht, immer, um ihm zu vergeben, um ihn zu lieben. Jesus erwartet dich, um dich zu umarmen, um dir zu vergeben. Hab keine Angst: er erwartet dich. Lebe auf, schöpfe Mut, um durch seine Tür einzutreten. Alle sind eingeladen, durch diese Tür zu gehen, durch die Tür des Glaubens zu gehen, in sein Leben einzutreten und ihn in unser Leben eintreten zu lassen, damit er es verwandle, erneuere, ihm erfüllte und dauerhafte Freude schenke.

Angelusgebet am 25. August 2013

Samstag

OKTOBER

10

Gereon von Köln, Viktor von Xanten, Kassius und Florentius

FRAGEN AN UNS

Heutzutage gehen wir an so vielen Türen vorbei, die einladen hineinzugehen und die ein Glück versprechen, von dem wir dann merken, dass es nur einen flüchtigen Augenblick dauert, dass es sich in sich selbst erschöpft und keine Zukunft hat. Doch ich frage euch: wir – durch welche Tür wollen wir eintreten? Und wen wollen wir durch die Tür unseres Lebens eintreten lassen?

Angelusgebet am 25. August 2013

Sonntag

28. SO. IM JAHRESKREIS
Johannes XXIII., Bruno I. von Köln,
Jakob Griesinger

11 OKTOBER

LICHT DES GLAUBENS

Ich möchte es kraftvoll sagen: Haben wir keine Angst, durch die Tür des Glaubens an Jesus zu gehen, ihn immer mehr in unser Leben eintreten zu lassen, aus unseren Egoismen herauszugehen, aus unserer Verschlossenheit, aus unserer Gleichgültigkeit gegenüber den anderen. Denn Jesus erhellt unser Leben mit einem Licht, das nicht mehr verlischt. Es ist kein Feuerwerk, es ist kein Lichtblitz! Nein, es ist ein ruhiges Licht, das für immer dauert und uns Frieden schenkt. So ist das Licht, auf das wir treffen, wenn wir durch die Tür Jesu hineingehen.

Angelusgebet am 25. August 2013

Montag

OKTOBER

12

Maximilian von Pongau, Edwin, Jakob Rem

WEG DES LEBENS

Christsein heißt, den Glauben im Gebet, in den Werken der Nächstenliebe, in der Förderung der Gerechtigkeit, im Tun des Guten zu leben und zu bezeugen. Durch die enge Tür, die Christus ist, muss unser ganzes Leben gehen.
Die Jungfrau Maria, Pforte des Himmels, bitten wir, dass sie uns helfe, durch die Tür des Glaubens hindurchzugehen, es zuzulassen, dass ihr Sohn unser Dasein verwandelt, wie er das ihre verwandelt hat, um allen die Freude des Evangeliums zu bringen.

Angelusgebet am 25. August 2013

WEG DER BARMHERZIGKEIT

Jesus nachfolgen heißt nicht, an einem Triumphzug teilzunehmen! Es heißt, seine barmherzige Liebe zu teilen, in sein großes Werk der Barmherzigkeit für jeden Menschen und für alle Menschen einzutreten. Das Werk Jesu ist gerade ein Werk der Barmherzigkeit, der Vergebung, der Liebe! Jesus ist so barmherzig! Und diese universale Vergebung, diese Barmherzigkeit, geht über das Kreuz. Jesus will dieses Werk nicht allein vollbringen: er will auch uns in die Sendung mit einbeziehen, die ihm der Vater anvertraut hat.

Angelusgebet am 8. September 2013

Mittwoch

OKTOBER

14

Kallistus I., Burkhard von Würzburg, Hildegund von Höchstadt

LOGIK DER LIEBE

Der Jünger Jesu verzichtet auf alle Güter, weil er in ihm das höchste Gut gefunden hat, in dem jedes andere Gut seinen vollen Wert und Sinn empfängt: die Familienbande, die anderen Beziehungen, die Arbeit, die kulturellen und wirtschaftlichen Güter und so weiter... Der Christ nimmt von allem Abstand und findet alles in der Logik des Evangeliums wieder, in der Logik der Liebe und des Dienstes.

Angelusgebet am 8. September 2013

KIRCHE DES HERRN

Es braucht eine Kirche, die noch fähig ist, den Rückweg nach Jerusalem zu begleiten! Eine Kirche, die imstande ist, das Herrliche und Freudige, das von Jerusalem gesagt wird, wiederentdecken zu lassen; begreifen zu lassen, dass es meine Mutter, unsere Mutter ist und wir nicht Waisen sind! In Jerusalem sind wir geboren. Wo ist unser Jerusalem, wo sind wir geboren? In der Taufe, in der ersten liebenden Begegnung, im Ruf, in der Berufung! Es braucht eine Kirche, die wieder das Feuer bringt, um die Herzen in Brand zu setzen.

Begegnung mit den brasilianischen Bischöfen aus Anlass des XXVIII. Weltjugendtags in Rio de Janeiro am 27. Juli 2013

Freitag

OKTOBER

16

Hedwig von Andechs (von Schlesien), Gallus, Margareta Maria Alacoque

LEBENDIGE STEINE

Der heilige Petrus sagt uns, dass wir lebendige Steine sind, die einen geistlichen Bau bilden (vgl. 1 Petr 2,5). Wenn wir diese Bühne betrachten, sehen wir, dass sie die Gestalt einer Kirche hat, die aus lebendigen Steinen gebaut ist. In der Kirche Jesu sind wir die lebendigen Steine, und Jesus bittet uns, seine Kirche aufzubauen; jeder von uns ist ein lebendiger Stein, ist ein kleiner Bestandteil der Konstruktion. Und wenn der Regen kommt, und dieser kleine Stein fehlt, dann gibt es Wasserschäden. Dann dringt Wasser ins Haus ein. Und baue nicht nur eine kleine Kapelle, die nur eine kleine Gruppe von Personen aufnehmen kann!

Ansprache zur Vigilfeier mit Jugendlichen beim XXVIII. Weltjugendtag am 27. Juli 2013

Samstag

Ignatius von Antiochia, Anselm von Wien,
Contardo Ferrini

17 OKTOBER

ERBAUER DER KIRCHE SEIN

Jesus bittet uns, dass seine lebendige Kirche so groß sei, dass sie die ganze Menschheit aufnehmen kann, dass sie ein Haus für alle sei! Er sagt zu mir, zu dir, zu jedem: „Geht und macht alle Völker zu Jüngern". Diesen Abend wollen wir ihm antworten: Ja, Herr auch ich will ein lebendiger Stein sein; zusammen wollen wir die Kirche Jesu aufbauen! Ich will hinausgehen, um ein Erbauer der Kirche Christi zu sein!

Ansprache zur Vigilfeier mit Jugendlichen beim XXVIII. Weltjugendtag am 27. Juli 2013

Sonntag

OKTOBER

18

29. SO. IM JAHRESKREIS
Evangelist Lukas, Petrus von Alcántara

BEI UNS BEGINNEN

Einmal haben sie Mutter Teresa von Kalkutta gefragt, was in der Kirche verändert werden müsse; von welcher Wand wollen wir anfangen? Wo fangen wir an? Bei dir und bei mir! antwortete sie: Sie hatte Biss, diese Frau! Sie wusste, wo anzufangen sei. Auch ich raube heute Mutter Teresa dieses Wort und sage dir: Anfangen? Wo? Bei dir und bei mir! Jeder frage sich, wieder im Stillen: Wenn ich bei mir anfangen soll, wo fange ich an? Jeder öffne sein Herz, damit Jesus ihm sage, wo er anfangen soll.

Ansprache zur Vigilfeier mit Jugendlichen beim XXVIII. Weltjugendtag am 27. Juli 2013

BARMHERZIGKEIT SPÜREN

Wohin sendet Jesus uns? Da gibt es keine Grenzen, keine Beschränkungen: Er sendet uns zu allen. Das Evangelium ist für alle und nicht für einige. Es ist nicht nur für die, die uns näher, aufnahmefähiger, empfänglicher erscheinen. Es ist für alle. Fürchtet euch nicht, hinzugehen und Christus in jedes Milieu hineinzutragen, bis in die existenziellen Randgebiete, auch zu denen, die am fernsten, am gleichgültigsten erscheinen. Der Herr sucht alle, er will, dass alle die Wärme seiner Barmherzigkeit und seiner Liebe spüren.

Predigt in der Abschlussmesse zum XXVIII. Weltjugendtag am 28. Juli 2013

Dienstag

OKTOBER

20

Wendelin, Cornelius, Vitalis von Salzburg

MIT UNS SEIN

Jemand könnte denken: „Ich habe keinerlei spezielle Vorkenntnisse, wie kann ich gehen und das Evangelium verkünden?" Lieber Freund, deine Angst unterscheidet sich kaum von der des Jeremia – von der wir gerade in der Lesung gehört haben – , als er von Gott zum Propheten berufen wurde. „Ach, mein Gott und Herr, ich kann doch nicht reden, ich bin ja noch so jung." Und Gott sagt auch zu euch, was er dem Jeremia geantwortet hat: „Fürchte dich nicht ... denn ich bin mit dir, um dich zu retten (Jer 1,6.8). Er ist mit uns!

Predigt in der Abschlussmesse zum XXVIII. Weltjugendtag am 28. Juli 2013

LEBENSERFÜLLUNG FINDEN

Am Anfang des Psalms 96 […] stehen diese Worte: „Singt dem Herrn ein neues Lied“ (96,1). Was ist das für ein neues Lied? Es sind keine Worte, es ist keine Melodie, sondern es ist das Lied eures Lebens, es bedeutet zuzulassen, dass unser Leben dem Leben Jesu gleichförmig wird, es bedeutet, dass wir so fühlen, denken und handeln wie er. Und das Leben Jesu ist ein Leben für die anderen. Jesus lebt sein Leben ganz für die anderen. Es ist ein Leben des Dienens.

Predigt in der Abschlussmesse zum XXVIII. Weltjugendtag am 28. Juli 2013

Donnerstag

OKTOBER

22 Johannes Paul II., Kordula, Ingbert, Salome von Galiläa

FREUDEN EMPFANGEN

Geht, ohne Furcht, um zu dienen. Wenn ihr diese drei Worte befolgt, werdet ihr erfahren: Wer evangelisiert, wird selbst evangelisiert und wer die Glaubensfreude weitergibt, empfängt mehr Freude. Liebe junge Freunde, wenn ihr nach Hause zurückkehrt, fürchtet euch nicht, mit Christus großherzig zu sein und sein Evangelium zu bezeugen [...]. Das Evangelium bringen heißt die Kraft Gottes bringen, um das Böse und die Gewalt auszureißen und niederzureißen, um die Barrieren des Egoismus, der Intoleranz und des Hasses zu vernichten und einzureißen, um eine neue Welt aufzubauen.

Predigt in der Abschlussmesse zum XXVIII. Weltjugendtag am 28. Juli 2013

Freitag

Johannes von Capestrano, Severin von Köln 23 OKTOBER

EIGENE WEGE FINDEN

Jeder muss so leben, wie es der Herr von ihm verlangt. Doch die Schlichtheit – eine allgemeine Schlichtheit –, glaube ich, ist für uns alle nötig, die wir im Dienst der Kirche arbeiten. Es gibt viele Nuancen der Schlichtheit... jeder muss seinen eigenen Weg suchen.

Pressekonferenz auf dem Rückflug vom XXVIII. Weltjugendtag aus Brasilien am 28. Juli 2013

Samstag

OKTOBER

24

Antonius Maria Claret, Evergisilus von Köln

BERUFEN VON GOTT

Ich glaube, es ist wichtig, in uns diese Wirklichkeit immer neu lebendig werden zu lassen, die wir inmitten der vielen täglichen Verpflichtungen oft als etwas Selbstverständliches ansehen: „Nicht ihr habt mich erwählt, sondern ich habe euch erwählt", sagt Jesus zu uns (Joh 15,16). Es ist ein Zurückgehen zur Quelle unserer Berufung. Darum darf ein Bischof, ein Priester, eine gottgeweihte Person, ein Seminarist nicht „vergesslich" sein: Er verliert dann den wesentlichen Bezug zu dem Augenblick, mit dem sein Weg begann.

Predigt in der hl. Messe mit den Bischöfen des XXVIII. Weltjugendtags, den Priestern, Ordensleuten und Seminaristen am 27. Juli 2013

ANDEREN BEGEGNEN

Wir wissen sehr wohl, was [es] bedeutet: ihn betrachten, ihn anbeten und ihn umarmen in unserer täglichen Begegnung mit ihm in der Eucharistie, in unserem Gebetsleben, in unseren Momenten der Anbetung; seine Gegenwart erkennen und ihn umarmen auch in denen, die am stärksten von Not und Leid betroffen sind. Das „Bleiben" bei Christus bedeutet nicht ein Sich-isolieren, sondern es ist ein Bleiben, um zur Begegnung mit den anderen zu gehen.

Predigt in der hl. Messe mit den Bischöfen des XXVIII. Weltjugendtags, den Priestern, Ordensleuten und Seminaristen am 27. Juli 2013

UNSER HERZ VERANKERN

Hier möchte ich an einige Worte der seligen Mutter Teresa von Kalkutta erinnern. Sie sagt: „Wir müssen sehr stolz auf unsere Berufung sein, die uns die Gelegenheit gibt, Christus in den Armen zu dienen. In die „favelas", in die „cantegriles", in die „villas miseria" muss man gehen, um Christus zu suchen und ihm zu dienen. Wir müssen zu ihnen gehen, wie der Priester sich zum Altar begibt, voll Freude" (Mother Instructions, I, S. 80). Jesus ist der Gute Hirt, er ist unser wahrer Schatz; bitte, lasst uns ihn nicht aus unserem Leben streichen! Verankern wir unser Herz immer mehr in ihm (vgl. Lk 12,34)!

Predigt in der hl. Messe mit den Bischöfen des XXVIII. Weltjugendtags, den Priestern, Ordensleuten und Seminaristen am 27. Juli 2013

Dienstag

Wolfhard von Augsburg, Vinzenz,
Sabina und Christeta

27 OKTOBER

FAMILIE HEILIGT

Gott ruft zu endgültigen Entscheidungen, für jeden hat er einen Plan: Ihn zu entdecken und der eigenen Berufung zu entsprechen bedeutet, einer glücklichen Selbstverwirklichung entgegenzugehen. Gott ruft uns alle zur Heiligkeit; er ruft uns, sein Leben zu leben, doch für jeden hat er einen persönlichen Weg. Einige sind berufen, sich zu heiligen, indem sie durch das Sakrament der Ehe eine Familie gründen.

Begegnung mit den Volontären des XXVIII. Weltjugendtags am 28. Juli 2013

GEGEN DEN STROM SCHWIMMEN

Es wird gesagt, die Ehe sei heute „aus der Mode" gekommen. Ist die Ehe aus der Mode gekommen? [Nein…]. In der Kultur des Provisorischen, des Relativen predigen viele, das Wichtige sei, den Augenblick zu „genießen", sich für das ganze Leben zu verpflichten, endgültige Entscheidungen „für immer" zu treffen, sei nicht der Mühe wert, denn man weiß ja nicht, was das Morgen bereithält. Ich hingegen bitte euch, Revolutionäre zu sein; ich bitte euch, gegen den Strom zu schwimmen; ja in diesem Punkt bitte ich euch, gegen diese Kultur des Provisorischen zu rebellieren.

Begegnung mit den Volontären des XXVIII. Weltjugendtags am 28. Juli 2013

MARIA, MUTTER GOTTES

Mutter der Stille,
die das Geheimnis Gottes bewahrt,
befreie uns von der Vergötzung der
Gegenwart, zu der derjenige verurteilt ist,
der vergisst.

Reinige die Augen der Hirten
mit der Salbe der Erinnerung:
Wir werden zur Frische der Anfänge
zurückkehren, für eine betende und
bußfertige Kirche.

Predigt beim feierlichen Glaubensbekenntnis mit der italienischen Bischofskonferenz am 23. Mai 2013

Freitag

OKTOBER

30

Thöger von Thüringen (Dietger), Bernhard Schwentner, Emicho von Mallersdorf

MARIA, MUTTER DES HERRN

Mutter der Schönheit,
die aus der Treue zur täglichen
Arbeit erblüht,
wecke uns aus der Benommenheit
der Trägheit, der Engherzigkeit und
der Resignation.

Bekleide die Hirten mit jenem Mitleid,
das eint und integriert:
Wir werden die Freude einer dienenden,
demütigen und geschwisterlichen Kirche
entdecken.

Predigt beim feierlichen Glaubensbekenntnis mit der italienischen Bischofskonferenz am 23. Mai 2013

MARIA, WIR BETEN

Mutter der Zärtlichkeit,
die mit Geduld und Barmherzigkeit umhüllt,
hilf uns, Traurigkeit, Ungeduld und
Härte dessen zu verbrennen, der keine
Zugehörigkeit kennt.

Bitte bei deinem Sohn, damit unsere Hände,
Füße und Herzen geschickt seien:
Wir werden die Kirche mit der Wahrheit in
Liebe aufbauen.

Predigt beim feierlichen Glaubensbekenntnis mit der italienischen Bischofskonferenz am 23. Mai 2013

Sonntag

NOVEMBER 01

ALLERHEILIGEN
Arthur O'Nelly, Harald IV., Luitpold von Lautbrunn

IN DER GEMEINSCHAFT DER HEILIGEN

Das Fest Allerheiligen, das wir heute feiern, erinnert uns daran, dass das Ziel unseres Daseins nicht der Tod ist, es ist das Paradies! So schreibt der Apostel Johannes: „Was wir sein werden, ist noch nicht offenbar geworden. Wir wissen, dass wir ihm ähnlich sein werden, wenn er offenbar wird; denn wir werden ihn sehen, wie er ist" (1 Joh 3,2). Die Heiligen, die Freunde Gottes, geben uns die Gewissheit, dass diese Verheißung nicht enttäuscht. In ihrem irdischen Dasein nämlich haben sie in tiefer Gemeinschaft mit Gott gelebt.

Angelusgebet am 1. November 2013

Montag

NOVEMBER

ALLERSEELEN
Angela von Stolberg, Justus von Triest

02

LEBEN IM DIENST

Die Heiligen sind weder Übermenschen noch perfekt zur Welt gekommen. Sie sind wie wir, wie jeder von uns, sie sind Menschen, die, bevor sie die Herrlichkeit des Himmels erlangten, ein normales Leben geführt haben, mit Freuden und Schmerzen, Mühen und Hoffnungen. Was aber hat ihr Leben verändert? Als sie die Liebe Gottes erkannt haben, sind sie ihm mit ganzem Herzen nachgefolgt, bedingungslos und ohne Heuchelei. Sie haben ihr Leben im Dienst an den anderen hingegeben, sie haben Leiden und Feindseligkeiten ertragen, ohne zu hassen und indem sie auf das Böse mit dem Guten geantwortet und Freude und Frieden verbreitet haben.

Angelusgebet am 1. November 2013

NOVEMBER

Dienstag

03

Hubert von Lüttich, Rupert Mayer,
Martin von Porres, Silvia

WEG DER HEILIGKEIT

Das ist das Leben der Heiligen: Menschen, die aus Liebe zu Gott ihm in ihrem Leben keine Bedingungen gestellt haben; sie sind keine Heuchler; sie haben ihr Leben im Dienst an den anderen hingegeben, um dem Nächsten zu dienen; sie haben viele Feindseligkeiten erlitten, doch ohne zu hassen. Die Heiligen haben nie gehasst. Versteht das gut: die Liebe ist von Gott, doch der Hass – vom wem kommt er? Der Hass kommt nicht von Gott, sondern vom Teufel! Und die Heiligen haben sich vom Teufel ferngehalten; die Heiligen sind Männer und Frauen, die die Freude im Herzen tragen und sie den anderen weitergeben.

Angelusgebet am 1. November 2013

DAS HIMMELREICH FINDEN

Heilig sein ist kein Privileg weniger, so als hätte jemand eine große Erbschaft gemacht; wir alle haben mit der Taufe das Erbe, heilig werden zu können. Die Heiligkeit ist eine Berufung für alle. Wir alle sind daher dazu berufen, auf dem Weg der Heiligkeit zu gehen, und dieser Weg hat einen Namen, ein Antlitz: das Antlitz Jesu Christi. Er lehrt uns, heilig zu werden. [...]. Das Himmelreich nämlich ist für alle, die ihre Sicherheit nicht auf die Dinge gründen, sondern auf die Liebe Gottes; für alle, die ein einfaches, demütiges Herz haben, die nicht den Anspruch erheben, gerecht zu sein, und die nicht über die anderen urteilen.

Angelusgebet am 1. November 2013

Bernhard Lichtenberg, Emmerich von Ungarn (Heinrich), Berthild von Celles

DER WEG DER HEILIGKEIT

Das Himmelreich ist für alle, die es verstehen, mit dem Leidenden zu leiden und sich zu freuen mit dem, der froh ist; die nicht gewalttätig sind, sondern barmherzig und sich bemühen, Stifter von Versöhnung und Frieden zu sein. Der Heilige, die Heilige ist Stifter von Versöhnung und Frieden; er hilft den Menschen immer, sich zu versöhnen, und er hilft immer, damit Frieden herrsche. Und so ist die Heiligkeit schön; sie ist ein schöner Weg!

Angelusgebet am 1. November 2013

MIT HINGABE GLAUBEN

Der Apostel Paulus beschreibt die Liebe Gottes als den tiefsten, unbesiegbaren Grund des christlichen Vertrauens und der christlichen Hoffnung. Er zählt die widrigen und geheimnisvollen Kräfte auf, die den Glaubensweg bedrohen können. Aber sofort bekräftigt er mit sicherer Gewissheit, dass – auch wenn unser gesamtes Dasein von Bedrohungen umstellt ist – nichts uns jemals trennen kann von der Liebe, die Christus selbst für uns durch seine vollkommene Hingabe verdient hat.

Predigt in der hl. Messe zum Gedenken an die im vergangenen Jahr verstorbenen Kardinäle und Bischöfe am 4. November 2013

Ernst von Neresheim, Engelbert I. von Köln, Karina von Angora

DIE HAND REICHEN

Diese Gewissheit gibt dem irdischen Leben einen neuen und vollen Sinn und sie eröffnet uns die Hoffnung auf ein Leben über den Tod hinaus. Denn jedes Mal, wenn wir mit dem Tod eines lieben Menschen konfrontiert werden oder mit dem Tod von jemandem, den wir gut gekannt haben, dann steigt in uns die Frage auf: „Was wird sein mit seinem Leben, seiner Arbeit, seinem Dienst für die Kirche?" Das Buch der Weisheit hat uns geantwortet: Sie sind in Gottes Hand! Die Hand ist Zeichen des Aufnehmens und des Beschützens, sie ist Zeichen einer persönlichen, von Achtung und Treue geprägten Beziehung: die Hand geben, die Hand drücken.

Predigt in der hl. Messe zum Gedenken an die im vergangenen Jahr verstorbenen Kardinäle und Bischöfe am 4. November 2013

DAS WORT ANNEHMEN

Auch die Sünden, unsere Sünden sind in Gottes Händen; jene Hände sind barmherzig, „verwundet" von der Liebe. Nicht ohne Grund wollte Jesus die Wunden an den Händen beibehalten, um uns seine Barmherzigkeit spüren zu lassen. Und das ist unsere Kraft, unsere Hoffnung. Diese hoffnungsvolle Wirklichkeit ist die Perspektive der definitiven Auferstehung, des ewigen Lebens, zu dem die „Gerechten" bestimmt sind, jene, die das Wort Gottes annehmen und fügsam sind gegenüber seinem Geist.

Predigt in der hl. Messe zum Gedenken an die im vergangenen Jahr verstorbenen Kardinäle und Bischöfe am 4. November 2013

Montag

NOVEMBER

09

WEIHE DER LATERANBASILIKA
Roland von Hasnon, Theodor von Euchaïta

HEILUNG SCHENKEN

Erinnern wir uns daran, dass er in den Schwachen und Notleidenden gegenwärtig ist. Er selbst hat sich mit ihnen im berühmten Gleichnis vom Weltgericht identifiziert, wo er sagt: „Ich war hungrig, und ihr habt mir zu essen gegeben; ich war durstig, und ihr habt mir zu trinken gegeben; ich war fremd und obdachlos, und ihr habt mich aufgenommen; ich war nackt, und ihr habt mir Kleidung gegeben; ich war krank, und ihr habt mich besucht; ich war im Gefängnis, und ihr seid zu mir gekommen ... Was ihr für einen meiner geringsten Brüder getan habt, das habt ihr mir getan" (Mt 25,35-36.40).

Generalaudienz am 27. November 2013

Leo I. der Große, Justus von Rochester,
Johannes Skotus

BARMHERZIGKEIT ÜBEN

Es ist eine bleibende Erfahrung: Liebe verlangt nach Unsterblichkeit. Wirkliche Liebe will Ewigkeit. Allein die Liebe ist stärker als der Tod.
Deshalb ist die entscheidende Aussage der Bibel über Gott auch: Gott ist Liebe. Gott liebt nicht nur, sondern er ist Liebe! Das ist die Botschaft: Die Liebe hört niemals auf!
Möge ein jeder selbst erwägen, was er von alledem halten möchte. Der christliche Glaube ist und bleibt ein ehrliches Angebot. Ich selbst habe bislang keine bessere Alternative gefunden.

Generalaudienz am 27. November 2013

Mittwoch

NOVEMBER

11

MARTINSTAG
Martin von Tours, Valentin von Ravenna

AUFERSTEHUNG ERFAHREN

Was bedeutet die Auferstehung für unser Leben? Und warum ist ohne sie unser Glaube sinnlos? Unser Glaube gründet auf dem Tod und der Auferstehung Christi, genau wie ein Haus auf den Fundamenten ruht: Wenn diese nachgeben, stürzt das ganze Haus ein. Am Kreuz hat Jesus sich selbst dargebracht, indem er unsere Sünden auf sich genommen hat und in den Abgrund des Todes hinabgestiegen ist, und in der Auferstehung überwindet er sie, nimmt sie hinweg und öffnet uns den Weg, um zu neuem Leben neu geboren zu werden. Was bedeutet die Auferstehung für unser Leben?

Generalaudienz am 10. April 2013

Donnerstag

12 NOVEMBER

Josaphat Kunzewitsch, Kunibert von Köln,
Ämilian von Cogolla (Emil)

IM NAMEN DES VATERS

Der Apostel sagt, dass durch die Auferstehung Jesu etwas absolut Neues geschieht: Wir sind von der Knechtschaft der Sünde befreit und werden zu Kindern Gottes, sind also zu neuem Leben geboren. Wann wird uns das zuteil? Im Sakrament der Taufe. In der frühen Kirche empfing man diese gewöhnlich durch Eintauchen. Der Täufling stieg in das große Taufbecken hinab und ließ seine Kleidung zurück. Der Bischof oder der Priester goss ihm dreimal Wasser über das Haupt und taufte ihn im Namen des Vaters und des Sohnes und des Heiligen Geistes.

Generalaudienz am 10. April 2013

NOVEMBER

Freitag

13

Stanislaus Kostka, Carl Lampert, Wilhelm von Niederaltaich

IN FREUDE LEBEN

Wer nach der Hoffnung fragt, die uns erfüllt (vgl. 1 Petr 3,15), den wollen wir auf den auferstandenen Christus verweisen. Wir wollen auf ihn verweisen durch die Verkündigung des Wortes, vor allem aber durch unser Leben als Auferstandene. Wir wollen die Freude zeigen, Kinder Gottes zu sein, die Freiheit, die uns das Leben in Christus schenkt, das die wahre Freiheit ist, die uns aus der Knechtschaft des Bösen, der Sünde, des Todes erlöst! Wenn wir auf das himmlische Vaterland schauen, werden wir auch in unserem Tun und in unseren täglichen Mühen neues Licht und neue Kraft haben.

Generalaudienz am 10. April 2013

Alberich von Utrecht, Bernhard Letterhaus, Maria Merkert

BOTSCHAFT DER EWIGKEIT

Die Heiligen geben uns eine Botschaft. Sie sagen uns: Vertraut auf den Herrn, denn der Herr enttäuscht nicht! Er enttäuscht nie, er ist ein guter Freund, der immer an unserer Seite ist. Mit ihrem Zeugnis ermutigen die Heiligen uns, keine Angst zu haben, gegen den Strom zu schwimmen oder missverstanden und verlacht zu werden, wenn wir über ihn und das Evangelium sprechen; sie zeigen uns mit ihrem Leben, dass derjenige, der Gott und seinem Wort treu bleibt, bereits auf dieser Erde den Trost seiner Liebe erfährt und dann das „Hundertfache" in der Ewigkeit. Das ist es, was wir hoffen und was wir vom Herrn für unsere verstorbenen Brüder und Schwestern erbeten.

Angelusgebet am 1. November 2013

NOVEMBER

Sonntag

15

33. SO. IM JK., VOLKSTRAUERTAG
Albert der Große, Marinus,
Leopold III. der Fromme

CHRISTUS TREU SEIN

Treue zu Christus und seinem Evangelium, um es mit dem Wort und dem Leben zu verkünden, indem wir die Liebe Gottes mit unserer Liebe bezeugen, mit unserer Nächstenliebe zu allen: es sind leuchtende Vorbilder und Lehren, die uns die Heiligen bieten, aber sie stellen auch Fragen an unser christliches Leben: Wie bin ich selbst Christus treu? Nehmen wir diese Frage mit, um im Laufe des Tages daran zu denken: Wie bin ich Christus treu? Bin ich in der Lage, meinen Glauben respektvoll, aber auch mutig zu zeigen, „sichtbar werden zu lassen"? Bin ich aufmerksam für die anderen, merke ich, wer Hilfe braucht?

Predigt in der Eucharistiefeier mit Heiligsprechungen am 12. Mai 2013

Montag

Margareta, Walter, Otmar **16** NOVEMBER

ZEICHEN DER LIEBEN

Die Weisheit wächst [...] in der vertrauten Beziehung mit Gott und macht den Christen zu einem kontemplativen Menschen. Er verspürt, dass er stets beim Herrn ist, und alles spricht ihm von Gott und weckt in ihm eine tiefe Dankbarkeit. So macht der Heilige Geist den Christen weise; das heißt nicht, dass er auf alles eine Antwort hat, sondern Gott kennt, ihn sozusagen „auskostet", dass sein Leben und sein Herz die Freude und den Geschmack Gottes haben. Alles eines solchen Christen „schmeckt" nach Gott, spricht von Gott und wird zum Zeichen seiner Gegenwart und Liebe.

Generalaudienz am 9. April 2014

NOVEMBER

Dienstag

17

Gertrud von Helfta, Hilda von Whitby, Viktoria von Córdoba

PLAN DER GÜTE

Jesus verheißt uns „Wenn ihr standhaft bleibt, werdet ihr das Leben gewinnen" (Lk 21,19). Wie viel Hoffnung liegt doch in diesen Worten! Sie sind ein Aufruf zur Hoffnung und zur Geduld, zur Fähigkeit, die sicheren Früchte des Heils zu erwarten und dabei auf den tiefen Sinn des Lebens und der Geschichte zu vertrauen: die Prüfungen und Schwierigkeiten sind Teil eines größeren Planes; der Herr, Herr der Geschichte, führt alles seiner Erfüllung zu. Trotz aller Wirren und allen Unglücks, die die Welt verunsichern, wird sich der Plan der Güte und des Erbarmens Gottes erfüllen! [...] Das ist unsere Hoffnung.

Angelusgebet am 17. November

Mittwoch

NOVEMBER

18

BUSS- UND BETTAG
Odo von Cluny, Philippine Rose Duchesne,
Romanus von Cäsarea

ZEIT DER HOFFNUNG

Die ersten Christen stellten die Hoffnung als Anker dar, so als sei das Leben der Anker, der an das Ufer des Himmels geworfen wurde, wir alle uns auf dem Weg zu jenem Ufer befinden und uns dabei am Ankertau festklammern. Das ist ein schönes Bild der Hoffnung: das Herz dort verankert haben, wo unsere Vorfahren sind, wo die Heiligen sind, wo Jesus ist, wo Gott ist. Das ist die Hoffnung, die niemals zugrunde gehen lässt; heute und morgen sind Tage der Hoffnung.

Predigt an Allerheiligen am 1. November 2013

LEBENSAUSBLICKE WAGEN

Unsere Brüder und Schwestern sind in der Gegenwart Gottes und auch wir werden dort sein, aus reiner Gnade des Herrn, wenn wir den Weg Jesu gehen. Der Apostel Johannes schließt: „Jeder, der dies von ihm erhofft, heiligt sich" (1 Joh 3,3). Auch die Hoffnung reinigt uns, macht uns leichter; diese Reinigung in der Hoffnung auf Jesus Christus lässt uns bereitwillig eilen. Heute, kurz vor dem Sonnenuntergang am Ende dieses Tages, kann jeder von uns an das Ende seines Lebens denken: „Wie wird mein Lebensende aussehen?"

Predigt an Allerheiligen am 1. November 2013

Bernward von Hildesheim,
Edmund von Ostanglien, Korbinian von Freising

MIT HERZEN LEBEN

Denken wir an das Lebensende so vieler Brüder und Schwestern, die uns vorausgegangen sind, denken wir an unsere letzte Stunde, wenn sie kommt. Und denken wir an unser Herz und fragen wir uns: „Wo ist mein Herz verankert?" Wenn es nicht gut verankert ist, dann verankern wir es dort, an jenem Ufer, wissend, dass die Hoffnung nicht enttäuscht, weil der Herr niemals enttäuscht.

Predigt an Allerheiligen am 1. November 2013

Samstag

NOVEMBER

21

Unsere Liebe Frau in Jerusalem, Johannes von Meißen, Rufus von Rom

DAS WORT GOTTES LEBEN

Heute kann man das Evangelium auch auf vielen technologischen Geräten lesen. Man kann die ganze Bibel in einem Handy, in einem Tablet mit sich tragen. Das Wichtige ist, das Wort Gottes zu lesen, mit allen Mitteln, doch das Wort Gottes zu lesen: es ist Jesus, der dort zu uns spricht! Und es offenen Herzens aufnehmen. So wird der gute Same Frucht tragen.

Angelusgebet am 6. April 2014

ZEUGNIS GEBEN

Wenn wir an die Wiederkunft Christi und an sein Jüngstes Gericht denken, das bis in seine äußersten Konsequenzen hinein das Gute offenbaren wird, das ein jeder in seinem irdischen Leben vollbracht oder zu vollbringen unterlassen hat, dann spüren wir, dass wir einem Geheimnis gegenüberstehen, das uns übersteigt, das wir uns nicht einmal vorstellen können. Dieses Geheimnis erweckt in uns fast instinktiv ein Gefühl der Furcht und vielleicht auch der Sorge. Wenn wir jedoch gut über diese Wirklichkeit nachdenken, dann muss sie einfach das Herz eines Christen weit machen und ein starker Beweggrund für Trost und Vertrauen sein.

Generalaudienz am 11. Dezember 2013

UMARMT WERDEN

Es war bei [den ersten christlichen Gemeinden] üblich, die Feiern und die Gebete mit dem Ruf „Maranathà" zu begleiten. Dieser Ausdruck besteht aus zwei aramäischen Wörtern, die, je nachdem wie sie betont werden, als Bitte – „Komm, Herr!" – oder als eine vom Glauben genährte Gewissheit verstanden werden können: „Ja, der Herr kommt bald, der Herr ist nahe." In diesem Ruf gipfelt die ganze christliche Offenbarung, sie steht am Ende der wunderbaren Betrachtung, die uns in der Offenbarung des Johannes geboten wird (vgl. Offb 22,20). In diesem Fall ist es die Kirche als Braut, die sich im Namen der gesamten Menschheit und als ihre Erstlingsfrucht an Christus, ihren Bräutigam, wendet und es kaum erwarten kann, von ihm umarmt zu werden: die Umarmung Jesu, die Fülle des Lebens ist.

Generalaudienz am 11. Dezember 2013

Andreas Dung-Lac, Augustin Schoeffler,
Flora, Johannes Leisentrit

ZUM FESTMAHL GEHEN

Die Umarmung Jesu, die Fülle des Lebens und Fülle der Liebe ist. So umarmt uns Jesus. Wenn wir aus dieser Perspektive heraus an das Gericht denken, dann schwindet alle Angst und alles Zaudern und gibt der Erwartung und einer tiefen Freude Raum: Es wird genau der Augenblick sein, in dem wir endlich für bereit befunden werden, mit der Herrlichkeit Christi bekleidet zu werden wie mit einem Hochzeitsgewand und zum Festmahl geführt zu werden.

Generalaudienz am 11. Dezember 2013

Mittwoch

NOVEMBER

25

Katharina von Alexandrien, Nils Stensen, Egbert, Elisabeth von Reute

GLÄUBIGE ANNAHME

Einen [...] Gedanken bietet uns das Evangelium nach Johannes, wo es ausdrücklich heißt: „Gott hat seinen Sohn nicht in die Welt gesandt, damit er die Welt richtet, sondern damit die Welt durch ihn gerettet wird. Wer an ihn glaubt, wird nicht gerichtet; wer nicht glaubt, ist schon gerichtet, weil er an den Namen des einzigen Sohnes Gottes nicht geglaubt hat" (Joh 3,17-18). Das bedeutet also, dass das Jüngste Gericht bereits stattfindet, jetzt im Laufe unseres Lebens beginnt. Das Urteil wird in jedem Augenblick unseres Lebens gesprochen, als Bestätigung unserer gläubigen Annahme.

Generalaudienz am 11. Dezember 2013

Donnerstag

26 NOVEMBER

Konrad und Gebhard II. von Konstanz,
Ida von Köln, Adalbert von Oberalteich

DIE LIEBE IST STÄRKER

Wenn wir uns jedoch vor der Liebe Christi verschließen, verurteilen wir uns selbst. Das Heil bedeutet, sich Jesus zu öffnen, und er rettet uns. Wenn wir Sünder sind – und das sind wir alle –, bitten wir ihn um Vergebung, und wenn wir zu ihm gehen mit dem Willen, gut zu sein, dann vergibt uns der Herr. Aber dafür müssen wir uns öffnen gegenüber der Liebe Jesu, die stärker ist als alles andere.

Generalaudienz am 11. Dezember 2013

NOVEMBER

Freitag

27

Bilhildis von Altmünster,
Oda von Brabant (Ute)

FÜR UNS HINGEGEBEN

Die Liebe Jesu ist groß, die Liebe Jesu ist barmherzig, die Liebe Jesu vergibt; aber du musst dich öffnen, und sich öffnen bedeutet zu bereuen und sich der Dinge, die nicht gut sind und die wir getan haben, anzuklagen. Jesus, der Herr, hat sich für uns hingegeben und gibt sich auch weiter für uns hin, um uns mit der ganzen Barmherzigkeit und der Gnade des Vaters zu erfüllen. Wir können also gewissermaßen zu Richtern unserer selbst werden und uns selbst zum Ausschluss von der Gemeinschaft mit Gott und mit den Brüdern verurteilen.

Generalaudienz am 11. Dezember 2013

SORGE FÜR JESUS

Schauen wir auf Josef als das Vorbild des Erziehers, der Jesus auf seinem Weg des Wachsens an Weisheit, Alter und Gnade, wie es im Evangelium heißt, beschützt und begleitet. Er war nicht der Vater Jesu: Der Vater Jesu war Gott, aber er war für Jesus ein Vater, er kümmerte sich um Jesus als Vater, um ihn wachsen zu lassen. Und wie ließ er ihn wachsen? An Weisheit, Alter und Gnade. Beginnen wir beim Alter, der natürlichsten Dimension, dem physischen und psychologischen Wachstum. Gemeinsam mit Maria trug Josef vor allem unter diesem Gesichtspunkt Sorge für Jesus.

Generalaudienz am 19. März 2014

Sonntag

NOVEMBER

29

1. ADVENTSSONNTAG
Friedrich von Regensburg,
Jutta von Heiligenthal, Jolanda von Aywières

EIN NEUER WEG

Heute, am ersten Adventssonntag, beginnen wir ein neues Kirchenjahr, das heißt einen neuen Weg des Gottesvolkes mit Jesus Christus, unserem Hirten, der uns in der Geschichte zur Erfüllung des Reiches Gottes führt. Deshalb strahlt dieser Tag eine besondere Faszination aus, er lässt uns tief den Sinn der Geschichte empfinden. Wir entdecken neu die Schönheit, alle auf dem Weg zu sein: die Kirche mit ihrer Berufung und Sendung und die ganze Menschheit, die Völker, die Zivilisationen, die Kulturen, alle sind unterwegs auf den Pfaden der Zeit.

Angelusgebet am 1. Dezember 2013

Montag

30 NOVEMBER

Apostel Andreas, Gerwald

JESUS BEGEGNEN

Der Prophet Jesaja (Jes 2,1-5) spricht von einem Weg und sagt, dass am Ende der Tage, am Ende des Weges der Berg mit dem Haus des Herrn fest gegründet stehen wird als höchster der Berge. Und das, um uns zu sagen, dass unser Leben ein Weg ist: Wir müssen auf diesem Weg gehen, um zum Berg des Herrn zu kommen, zur Begegnung mit Jesus. Das Wichtigste, was einem Menschen geschehen kann, ist, Jesus zu begegnen: diese Begegnung mit Jesus, der uns liebt, der uns gerettet hat, der sein Leben für uns hingegeben hat.

Predigt beim Pastoralbesuch in der römischen Pfarrei „San Cirillo Alessandrino" am 1. Dezember 2013

Dienstag

DEZEMBER

01

Charles de Foucauld, Edmund,
Natalie von Nikomedien

MIT LIEBE SCHAUEN

Es ist ein Weg. Ein Weg, um Jesus zu begegnen. Am Ende und immer. Ein Weg, auf dem wir Jesus nicht begegnen, das ist kein christlicher Weg. Es ist ein Merkmal des Christen, immer Jesus zu begegnen, ihn zu betrachten, sich von Jesus anschauen zu lassen, denn Jesus blickt mit Liebe auf uns, er liebt uns so sehr, er will unser Bestes und er blickt immer auf uns. Jesus zu begegnen, bedeutet auch, dich von ihm anblicken zu lassen.

Predigt beim Pastoralbesuch in der römischen Pfarrei „San Cirillo Alessandrino" am 1. Dezember 2013

Mittwoch

Luzius von Chur, Bibiana von Rom,
Jan von Ruysbroek

02 DEZEMBER

ERKENNTNIS WAGEN

„Aber Vater, du weißt", so könnte jemand von euch zu mir sagen, „du weißt, dass dieser Weg für mich ein schlimmer Weg ist, weil ich ein so großer Sünder bin, ich habe so viele Sünden begangen... wie kann ich Jesus begegnen?" Aber du weißt, dass die Menschen, die Jesus am meisten finden wollte, die größten Sünder waren.

Predigt beim Pastoralbesuch in der römischen Pfarrei „San Cirillo Alessandrino" am 1. Dezember 2013

Donnerstag

DEZEMBER

03

Franz Xaver, Emma von Lesum, Johann Nepomuk von Tschiderer, Gerlind

BEGEGNUNG LEBEN

Man hat ihn dafür getadelt und die Menschen – jene, die sich für gerecht hielten – sagten: aber dieser da, das ist kein wahrer Prophet, schau dir mal an, in was für einer schönen Gesellschaft er sich befindet! Er war mit den Sündern zusammen... Und er sagte: Ich bin gekommen für die, die Gesundheit und Heilung brauchen, und Jesus heilt unsere Sünden. Und auch wenn wir – alle Sünder, alle, alle sind wir Sünder – auf dem Weg irren, wenn wir eine Sünde begehen, wenn wir sündigen, kommt Jesus und vergibt uns. Und diese Vergebung, die wir in der Beichte empfangen, ist eine Begegnung mit Jesus. Immer begegnen wir Jesus.

Predigt beim Pastoralbesuch in der römischen Pfarrei „San Cirillo Alessandrino" am 1. Dezember 2013

Freitag

Barbara, Adolph Kolping,
Johannes von Damaskus

04

DEZEMBER

SEID MUTIG

Gehen wir im Leben so voran, wie der Prophet sagt, zum Berg, bis zum Tag, an dem die endgültige Begegnung stattfinden wird, wo wir diesen schönen, sehr schönen Blick Jesu sehen können werden. Das ist das christliche Leben: auf dem Weg sein, voran gehen, vereint als Brüder, die einander lieben. Jesus begegnen. Seid ihr einverstanden, ihr neun? Wollt ihr in eurem Leben Jesus begegnen? Ja? Das ist wichtig im christlichen Leben. Heute werdet ihr mit dem Siegel des Heiligen Geistes mehr Kraft haben für diesen Weg, um Jesus zu begegnen. Seid mutig, habt keine Angst! Das Leben ist dieser Weg. Und das schönste Geschenk ist es, Jesus zu begegnen.

Predigt beim Pastoralbesuch in der römischen Pfarrei „San Cirillo Alessandrino" am 1. Dezember 2013

Samstag

DEZEMBER

05

Anno II. von Köln, Hartwig von Salzburg

MIR GESCHEHE ...

Die unbefleckte Jungfrau tritt im Himmel für uns ein wie eine gute Mutter, die ihre Kinder behütet. Maria lehre uns mit ihrem Leben, was es bedeutet, ein Jünger und Missionar zu sein. Jedes Mal, wenn wir den „Engel des Herrn" beten, gedenken wir des Ereignisses, das die Geschichte der Menschen für immer verändert hat. Als der Engel Gabriel Maria verkündete, dass sie die Mutter Jesu, des Retters, werden sollte, hat sie, auch ohne die volle Bedeutung jener Berufung zu begreifen, Gott vertraut und geantwortet: „Ich bin die Magd des Herrn; mir geschehe, wie du es gesagt hast" (Lk 1,38).

Angelusgebet beim XXVIII. Weltjugendtag am 28.Juli 2013

Sonntag

DEZEMBER

06

2. ADVENTSSONNTAG
Nikolaus von Myra, Henrika Faßbender, Donysia, Zefanja

DIE GNADE EMPFANGEN

Aber was hat sie unmittelbar danach getan? Nachdem sie die Gnade empfangen hatte, die Mutter des menschgewordenen Wortes zu werden, hat sie dieses Geschenk nicht für sich behalten; sie hat sich verantwortlich gefühlt und ist aufgebrochen, hat ihr Haus verlassen und ist zu ihrer Verwandten Elisabet geeilt, um ihr, die der Hilfe bedurfte, beizustehen (vgl. Lk 1,39). Sie hat ein Zeichen der Liebe gesetzt, eine Geste der Nächstenliebe und des konkreten Dienens vollzogen und Jesus gebracht, den sie im Schoß trug. Und das hat sie eilends getan!

Angelusgebet beim XXVIII. Weltjugendtag am 28. Juli 2013

Montag

DEZEMBER

07

Ambrosius von Mailand, Gerald von Ostia

AUFBRECHEN MIT MUT

[Maria], die das kostbarste Geschenk von Gott erhalten hat, gibt ihre erste Antwort darauf, indem sie sich in Bewegung setzt, um zu dienen und Jesus zu bringen. Bitten wir die Muttergottes, uns zu helfen, dass auch wir die Freude Christi unseren Angehörigen, unseren Gefährten, unseren Freunden, allen weiterschenken. Fürchtet euch niemals, mit Christus großherzig zu sein! Es lohnt sich! Hinausgehen und mit Mut und Großmut aufbrechen, damit jeder Mensch dem Herrn begegnen kann.

Angelusgebet beim XXVIII. Weltjugendtag am 28. Juli 2013

MARIÄ UNBEFLECKTE EMPFÄNGNIS
Elfriede, Edith und Sabina

VOLL DER GNADE

Am heutigen Festtag der Unbefleckten Empfängnis Mariens [...] wird unser Blick von der Schönheit der Mutter Jesu angezogen, unserer Mutter! Mit großer Freude betrachtet die Kirche „die Begnadete" (Lk 1,28), und wir fangen mit diesen Worten an und grüßen sie alle zusammen: „voll der Gnade" [...]. Und so hat Gott in seinem Plan der Liebe vom ersten Augenblick an auf sie geblickt. Er hat gesehen, wie schön sie ist, voll der Gnade. Unsere Mutter ist schön! Maria stützt uns auf unserem Weg hin zum Weihnachtsfest, weil sie uns lehrt, wie wir diese Zeit des Advents in der Erwartung des Herrn leben sollen.

Angelusgebet am Hochfest der ohne Erbsünde empfangenen Jungfrau und Gottesmutter Maria am 8. Dezember 2013

Mittwoch

DEZEMBER

09

Juan Diego Cuauhtlatoatzin,
Liborius Wagner, Pierre Fourier

FRUCHT DER LIEBE

Im Hinblick auf diese Mutterschaft ist Maria vor der Erbschuld bewahrt worden, das heißt vor jenem Bruch in der Gemeinschaft mit Gott, mit den anderen und mit der Schöpfung, der jeden Menschen in der Tiefe verletzt. Doch dieser Bruch ist im Voraus in der Mutter dessen geheilt worden, der gekommen ist, um uns von der Knechtschaft der Sünde zu befreien. Die unbefleckt Empfangene ist in den Plan Gottes eingeschrieben; sie ist Frucht der Liebe Gottes, die die Welt rettet.

Angelusgebet am Hochfest der ohne Erbsünde empfangenen Jungfrau und Gottesmutter Maria am 8. Dezember 2013

Angelina von Kruseldol,
Bruno von Rommersdorf, Eulalia von Mérida

FÜRCHTE DICH NICHT

Und die Gottesmutter hat sich niemals von dieser Liebe entfernt: Ihr ganzes Leben, ihr ganzes Sein ist ein „Ja" zu dieser Liebe, ein „Ja" zu Gott. Doch gewiss ist es nicht leicht für sie gewesen! Als der Engel sie „die Begnadete" nennt (Lk 1,28), „erschrickt" sie über die Anrede, da sie sich in ihrer Demut als ein Nichts vor Gott fühlt. Der Engel tröstet sie: „Fürchte dich nicht, Maria; denn du hast bei Gott Gnade gefunden. Du wirst ein Kind empfangen [...]: dem sollst du den Namen Jesus geben" (V. 30-31). Diese Verkündigung erschüttert sie noch mehr [...] Maria hört, gehorcht im Inneren und antwortet: „Ich bin die Magd des Herrn; mir geschehe, wie du es gesagt hast" (V. 38).

Angelusgebet am Hochfest der ohne Erbsünde empfangenen Jungfrau und Gottesmutter Maria am 8. Dezember 2013

DEZEMBER

Freitag

11

Damasus I., Arthur Bell,
David von Himmerod

WIR SIND ERWÄHLTE

Das Geheimnis dieses Mädchens aus Nazaret, das im Herzen Gottes ist, ist uns nicht fremd. Es ist nicht so, dass sie dort und wir hier wären. Nein, wir sind verbunden. Gott nämlich richtet seinen Blick der Liebe auf jeden Mann und jede Frau! Mit Vornamen und Nachnamen. Sein Blick der Liebe ruht auf einem jeden von uns. Der Apostel Paulus sagt, dass Gott „uns erwählt [hat] vor der Erschaffung der Welt, damit wir heilig und untadelig leben" (Eph 1,4). Auch wir sind von jeher von Gott erwählt, damit wir ein heiliges Leben frei von der Sünde leben. Dies ist ein Liebesplan, den Gott jedes Mal erneuert, wenn wir uns ihm nähern, besonders in den Sakramenten.

Angelusgebet am Hochfest der ohne Erbsünde empfangenen Jungfrau und Gottesmutter Maria am 8. Dezember 2013

Hartmann von Brixen,
Dietrich von Kremsmünster, Ida von Nivelles

DIE UMARMUNG ANNEHMEN

Wenn wir an diesem Fest also unsere unbefleckte, schöne Mutter betrachten, erkennen wir auch unsere wahrste Bestimmung, unsere tiefste Berufung: geliebt zu werden, von der Liebe verwandelt zu werden, von der Schönheit Gottes verwandelt zu werden. Blicken wir auf sie, unsere Mutter, und lassen wir uns von ihr anschauen, weil sie unsere Mutter ist und uns so sehr liebt. Lassen wir uns von ihr anschauen, um zu lernen, demütiger zu sein und auch mutiger in der Nachfolge des Wortes Gottes; um die zarte Umarmung ihres Sohnes Jesus anzunehmen, eine Umarmung, die uns Leben, Hoffnung und Frieden schenkt.

Angelusgebet am Hochfest der ohne Erbsünde empfangenen Jungfrau und Gottesmutter Maria am 8. Dezember 2013

Sonntag

DEZEMBER

13

3. ADVENTSSONNTAG
Odilia (Ottilie), Jodok (Jobst, Jost), Benno Koglbauer

SETZEN AUF HOFFNUNG

Ich erlaube mir, die Worte des Propheten zu [lesen...]: „Dann schmieden sie Pflugscharen aus ihren Schwertern und Winzermesser aus ihren Lanzen. Man zieht nicht mehr das Schwert, Volk gegen Volk, und übt nicht mehr für den Krieg." (Jes 2,4). Wann aber wird das geschehen? Was für ein schöner Tag wird dies sein, an dem die Waffen auseinandergenommen werden, um in Arbeitswerkzeuge verwandelt zu werden! Was für ein schöner Tag wird das sein! Und das ist möglich! Setzen wir auf die Hoffnung, auf die Hoffnung des Friedens, und es wird möglich sein!

Angelusgebet am 1. Dezember 2013

Montag

14 DEZEMBER

Johannes vom Kreuz, Franziska Schervier

DEN HORIZONT SEHEN

Dieser Weg ist nie abgeschlossen. Wie es im Leben eines jeden von uns immer notwendig ist, neu anzufangen, wieder aufzustehen, den Sinn für das Ziel des eigenen Daseins zu finden, so ist es für die große Menschheitsfamilie notwendig, immer den gemeinsamen Horizont zu erneuern, zu dem wir unterwegs sind. Den Horizont der Hoffnung! Das ist der Horizont, um einen guten Weg zurückzulegen. Die Zeit des Advents, die wir heute wieder beginnen, gibt uns den Horizont der Hoffnung zurück, einer Hoffnung, die nicht enttäuscht, weil sie auf das Wort Gottes gegründet ist. Eine Hoffnung, die nicht enttäuscht, einfach weil der Herr nie enttäuscht!

Angelusgebet am 1. Dezember 2013

Dienstag

DEZEMBER

15

Wunibald von Heidenheim,
Christiane von Georgien (Nina), Karl Steeb

DAS LEBEN BLÜHEN LASSEN

Doch die Freude des Evangeliums ist nicht irgendeine Freude. Sie findet ihren Grund darin, sich von Gott angenommen und geliebt zu wissen. Wie uns heute der Prophet Jesaja in Erinnerung ruft (vgl. 35,1-6a.8a.10), ist Gott der, der kommt, um uns zu erretten, und er eilt besonders den Verzagten zu Hilfe. Sein Kommen mitten unter uns stärkt uns, macht uns standhaft, schenkt uns Mut, lässt Wüste und Steppe jubeln und blühen, das heißt das Leben, wenn es verdörrt.

Angelusgebet am 15. Dezember 2013

VON VORN ANFANGEN

Wir sind aufgefordert, die Hände wieder stark, die Knie fest zu machen, Mut zu haben und uns nicht zu fürchten, da unser Gott uns immer die Größe seiner Barmherzigkeit zeigt. Er gibt uns die Kraft, vorwärtszugehen. Er ist immer bei uns, um uns zu helfen voranzugehen. Er ist ein Gott, der uns so gerne hat, der uns liebt, und deshalb ist er bei uns, um uns zu helfen, um uns zu stärken und vorwärtsgehen zu lassen. Habt Mut! Immer vorwärts! Dank seiner Hilfe können wir immer wieder von vorne anfangen.

Angelusgebet am 15. Dezember 2013

DEZEMBER

Donnerstag

17

Jose M. Bergoglio 1936 geboren,
Jolanda von Marienthal,
Wiwina von Brüssel (Vivina)

HOFFNUNG AUF TREUE

Du kannst von vorne anfangen! Warum? Weil er dich erwartet, er ist dir nahe, er liebt dich, er ist barmherzig, er vergibt dir, er gibt dir die Kraft, von vorne anzufangen! Allen! So sind wir fähig, die Augen neu zu öffnen, Traurigkeit und Tränen zu überwinden und ein neues Lied anzustimmen. Und diese wahre Freude bleibt auch in der Prüfung, auch im Leid, denn sie ist keine oberflächliche Freude, sondern senkt sich in die Tiefe des Menschen ein, der sich Gott anvertraut und auf ihn vertraut. Die christliche Freude ist wie die Hoffnung auf die Treue Gottes gegründet, in der Gewissheit, dass er seine Verheißungen immer erfüllt.

Angelusgebet am 15. Dezember 2013

Freitag

Philipp von Ratzenburg,
Desiderius von Fontenelle

18 DEZEMBER

MIT GOTT TEILEN

Gott ist mit uns, und Gott vertraut uns noch immer! Dieser Gott, der Vater, ist großherzig! Er kommt, um unter den Menschen zu wohnen, er wählt die Erde als seine Wohnstatt, um mit dem Menschen zusammen zu sein und sich dort finden zu lassen, wo der Mensch seine Tage verbringt, in der Freude oder im Schmerz. Die Erde ist also nicht mehr nur ein „Tal der Tränen", sondern sie ist der Ort, an dem Gott sein Zelt aufgeschlagen hat, sie ist der Ort der Begegnung Gottes mit dem Menschen, der Solidarität Gottes mit den Menschen.

Generalaudienz am 18. Dezember 2013

Konrad von Liechtenau, Petrus von Arolsen, Susanna, Benjamin

WÄRME DER FREUNDSCHAFT

Der Prophet Jesaja mahnt jene, die vom Weg abgekommen und verzagt sind, auf die Treue des Herrn zu vertrauen, da bald sein Heil in ihr Leben einbrechen wird. Alle, die Jesus auf ihrem Weg begegnet sind, erfahren im Herzen eine Zuversicht und Freude, deren sie niemand und nichts berauben kann. Unsere Freude ist Jesus Christus, seine treue unerschöpfliche Liebe! Wenn daher ein Christ traurig wird, so bedeutet dies, dass er sich von Jesus entfernt hat. Doch deshalb darf man ihn nicht alleine lassen! Wir müssen für ihn beten und ihn die Wärme der Gemeinschaft spüren lassen.

Angelusgebet am 15. Dezember 2013

Sonntag

4. ADVENTSSONNTAG
Hoger von Bremen-Hamburg,
Regina Hueter, Heinrich Egher

20 DEZEMBER

GOTT MIT UNS

Die Gegenwart Gottes inmitten der Menschheit wurde nicht in einer idealen, idyllischen Welt verwirklicht, sondern in dieser realen Welt, die von vielen guten und schlechten Dingen geprägt ist, die geprägt ist von Spaltungen, Bosheit, Armut, Unterdrückung und Krieg. Er hat beschlossen, in unserer Geschichte zu wohnen, so wie sie ist, mit der ganzen Last ihrer Grenzen und ihrer Dramen. Dadurch hat er auf unübertreffliche Weise seine barmherzige und liebevolle Zuneigung zu den menschlichen Geschöpfen gezeigt. Er ist der Gott mit uns; Jesus ist Gott mit uns. Glaubt ihr das? Bekennen wir gemeinsam: Jesus ist Gott mit uns!

Generalaudienz am 18. Dezember 2013

GUTE NACHRICHT

Jesus ist Gott mit uns, seit jeher und für immer, im Leiden und in den Schmerzen der Geschichte. Die Geburt Jesu ist die Offenbarung, dass Gott sich ein für alle Mal „auf die Seite des Menschen gestellt" hat, um uns zu retten, um uns aus dem Staub unseres Elends, unserer Schwierigkeiten, unserer Sünden zu erheben. Von hier kommt das große „Geschenk" des Kindes von Betlehem: Es bringt uns eine geistliche Kraft, eine Kraft, die uns hilft, nicht in unseren Mühen, in unserer Verzweiflung, in unserer Traurigkeit zu versinken, weil es eine Kraft ist, die das Herz erwärmt und verwandelt.

Generalaudienz am 18. Dezember 2013

Dienstag

WINTERANFANG
Jutta von Sponheim, Marian der Schotte

22 DEZEMBER

DIENEN DEM HERRN

Da Gott sich im Weihnachtsfest nicht als einer offenbart, der sich hoch oben befindet und das Universum beherrscht, sondern als jener, der sich erniedrigt, der klein und arm in die Welt herabkommt, dann bedeutet es, dass wir, um ihm ähnlich zu sein, uns nicht über die anderen stellen dürfen, sondern uns im Gegenteil erniedrigen müssen, dienen müssen, klein machen müssen mit den Kleinen und arm mit den Armen. [...]. Ein Christ dient, er erniedrigt sich. Sorgen wir dafür, dass unsere Brüder und Schwestern sich nie allein fühlen!

Generalaudienz am 18. Dezember 2013

Mittwoch

DEZEMBER

23 Johannes von Krakau, Viktoria von Rom, Dagobert II., Ivo von Chartes

WAS IHR GETAN HABT ...

Da Gott sich durch Jesus auf den Menschen eingelassen hat und sogar einer von uns geworden ist, dann bedeutet das, dass wir alles, was wir einem Bruder oder einer Schwester getan haben, ihm getan haben. Jesus selbst hat uns daran erinnert: Wer einem der Geringsten und der Ärmsten unter den Menschen Nahrung gegeben, ihn aufgenommen, besucht, geliebt hat, der hat das dem Sohn Gottes getan.

Generalaudienz am 18. Dezember 2013

HEILIGER ABEND
Adam und Eva, Adalbert, Hanno von Worms

LICHT DES LEBENS

„Das Volk, das im Dunkeln geht, sieht ein helles Licht" (Jes 9,1). Diese Weissagung des Jesaja ergreift uns immer neu, besonders wenn wir sie in der Liturgie der Heiligen Nacht hören. Und das ist nicht nur eine Sache des Gefühls, eine Sentimentalität; sie ergreift uns, weil sie die Wirklichkeit dessen ausdrückt, was wir sind: ein Volk unterwegs, und um uns – wie auch in uns – gibt es Dunkelheit und Licht. Und in dieser Nacht, während der Geist der Finsternis die Welt einhüllt, erneuert sich das Ereignis, das uns immer in Erstaunen versetzt und uns überrascht: Das Volk, das unterwegs ist, sieht ein helles Licht. Ein Licht, das uns zum Nachdenken bringt über dieses Geheimnis – über das Geheimnis des Gehens und des Sehens.

Predigt in der Christmette am Hochfest der Geburt des Herrn am 24. Dezember 2013

Freitag

DEZEMBER

25 GEBURT DES HERRN, WEIHNACHTEN
Eugenia, Anastasia

LOB UND EHRE

In dieser Menschheit ist heute der Retter geboren, Christus, der Herr. Halten wir inne vor dem Kind von Betlehem. Lassen wir uns im Herzen ergreifen: Haben wir keine Angst davor. Haben wir keine Angst, dass unser Herz weich wird! Wir haben es nötig, dass unser Herz sich ergreifen lässt! Lassen wir es erwärmen von der Zärtlichkeit Gottes; wir bedürfen seiner Liebkosungen. Die Liebkosungen Gottes verletzen nicht: Die Liebkosungen Gottes geben uns Frieden und Kraft. Wir brauchen seine Liebkosungen. Gott ist groß in seiner Liebe, ihm sei Lob und Ehre in Ewigkeit! Gott ist Friede.

Ansprache zum Segen „Urbi et Orbi" am 25. Dezember 2013

HEILIGER STEPHANUS

Unter dem Blickwinkel des Glaubens aber steht das Fest des heiligen Stephanus tatsächlich in vollkommener Harmonie mit der tiefen Bedeutung von Weihnachten. Im Martyrium nämlich wird die Gewalt durch die Liebe besiegt, der Tod durch das Leben. Die Kirche sieht im Opfer der Märtyrer deren „Geburt zum Himmel". Wir feiern also heute das „Geburtsfest" des Stephanus, das zutiefst dem Geburtsfest Christi entspringt. Jesus verwandelt den Tod aller, die ihn lieben, in Morgenröte neuen Lebens!

Angelusgebet am Fest des hl. Stephanus am 26. Dezember 2013

Sonntag

DEZEMBER

27

FEST DER HEILIGEN FAMILIE
Evangelist Johannes,
Fabiola von Rom, Rudger

GUT UND BÖSE

Im Martyrium des Stephanus wiederholt sich dieselbe Gegenüberstellung zwischen dem Guten und dem Bösen, zwischen dem Hass und der Vergebung, zwischen der Sanftmut und der Gewalt, die ihren Höhepunkt am Kreuz Christi hatte. Das Gedenken des ersten Märtyrers zerstreut so unmittelbar ein falsches Bild von Weihnachten: das märchenhafte und süßliche Bild, das es im Evangelium nicht gibt! Die Liturgie bringt uns zum echten Sinn der Menschwerdung zurück,

Angelusgebet am Fest des hl. Stephanus am 26. Dezember 2013

STEH UNS BEI

Für den Christen ist das kein Wunder, da Jesus dies als eine günstige Gelegenheit angekündigt hat, um Zeugnis abzulegen. Dennoch muss auf ziviler Ebene das Unrecht zur Anzeige gebracht und beseitigt werden.
Maria, Königin der Märtyrer, stehe uns bei, Weihnachten mit jener Glut des Glaubens und der Liebe zu leben, die im heiligen Stephanus und in allen Märtyrern der Kirche erstrahlt.

Angelusgebet am Fest des hl. Stephanus am 26. Dezember 2013

DEZEMBER

Dienstag

29 Thomas Becket, Tamar(a), Lothar I., David, Isai (Jesse)

IN DER FAMILIE LEBEN

Am heutigen Tag lässt sich unser Blick auf die Heilige Familie auch von der Einfachheit des Lebens anziehen, das sie in Nazaret führt. Es ist ein Beispiel, das unseren Familien sehr gut tut, das ihnen hilft, immer mehr Gemeinschaft der Liebe und der Versöhnung zu werden, in der man Zärtlichkeit, gegenseitige Hilfe und Vergebung erfährt. Erinnern wir uns an die drei Schlüsselworte, um in der Familie in Frieden und Freude zu leben: „Darf ich?", „Danke!", „Entschuldige!"

Angelusgebet am Fest der Heiligen Familie am 29. Dezember 2013

Richard von Arnsberg, Felix I.,
Sabinus von Spoleto, Germar von Fly

IN ZUKUNFT LEBEN

Mit Jesus ist die „Fülle" der Zeit angebrochen, Fülle des Sinns und Fülle des Heils. Und es wird keine neue Offenbarung mehr geben, sondern das vollkommene Sichtbarwerden dessen, was Jesus bereits offenbart hat. In diesem Sinne befinden wir uns in der „letzten Stunde"; jeder Augenblick unseres Lebens ist nicht provisorisch, er ist endgültig, und jede unserer Taten ist erfüllt von Ewigkeit, denn die Antwort, die wir Gott, der uns in Jesus Christus liebt, heute geben, ist entscheidend für unsere Zukunft.

Predigt am 31. Dezember 2013

Donnerstag

DEZEMBER

31

SILVESTER
Silvester I., Melanie die Jüngere, Apollonia Rademecher

ERFÜLLTE ZEIT

Die biblische und christliche Sicht der Zeit und der Geschichte ist nicht zyklisch, sondern linear: Es ist ein Weg hin zur Erfüllung. Ein Jahr, das vorbei ist, führt uns nicht zu einer Realität, die zu Ende geht, sondern zu einer Realität, die sich erfüllt, es ist ein weiterer Schritt auf das Ziel hin, das vor uns liegt: ein Ziel der Hoffnung und ein Ziel des Glücks, weil wir Gott begegnen werden, dem Grund unserer Hoffnung und de Quelle unserer Freude.

Predigt am 31. Dezember 2013

Bibliografische Information der Deutschen Nationalbibliothek
Die Deutsche Nationalbibliothek verzeichnet diese Publikation in der Deutschen Nationalbibliografie; detaillierte bibliografische Daten sind im Internet über http://dnb.d-nb.de abrufbar.

Besuchen Sie uns im Internet unter:
www.st-benno.de

Gern informieren wir Sie unverbindlich und aktuell auch in unserem Newsletter zum Verlagsprogramm, zu Neuerscheinungen und Aktionen. Einfach anmelden unter www.st-benno.de.

ISBN 978-3-7462-4069-5

Zusammengestellt von Volker Bauch, Leipzig

Umschlaggestaltung: Ulrike Vetter, Leipzig
Umschlagabbildung: © picture alliance/Stefano Spaziani
Gesamtherstellung: Kontext, Lemsel (A)